원대하게 세워서

거침없이

달려라

원대하게 세워서 거침없이 달려라

초판인쇄	2009년 3월 15일
초판발행	2009년 3월 20일

지은이	강다임
발행인	권윤삼
발행처	도서출판 산수야
등록번호	제1-1515호
주소	서울시 마포구 망원동 472-19호
우편번호	121-826
전화	02-332-9655
팩스	02-335-0674

값	10,000원

ISBN 978-89-8097-182-4 03300

이 도서의 국립중앙도서관 출판시 도서목록(CIP)은 e-CIP 홈페이지
(http://www.nl.go.kr/cip.php)에서 이용하실 수 있습니다.
(CIP제어번호: CIP2009000227)

미래를 준비하는 10대들의 인생 지침서

원대하게 세워서 거침없이 달려라

강다임 글

산수야

차례

1. '어느 대학에 갈 것이냐'가 아니라 '무엇을 할 것이냐'가
   중요해
   무엇보다 중요한 건 '목표 의식'   9
   하고 싶은 게 뭔지 모르겠다고? 그럼 그것부터 알아봐   18
   어떤 일을 하든 공부는 필요해   28
   대학을 가기로 결정했다면 '과'를 잘 선택해   38
   공부 열정, 누구나 가질 수 있는 것   46
   어떤 상황이 오더라도 용기를 잃지 마   55

2. 자신과 주변을 관찰해야 인생을 잘 설계할 수 있어
   가장 먼저 알아야 할 건 '자신'이야   65
   부모님과 대화하는 법을 배워   71
   선생님도 '한 사람'이라는 걸 기억해   82
   친구를 사귀면서도 배울 점이 많아   91
   때때로 사회현상에 관심을 기울여봐   100

3. 다양한 경험 속에서 현명한 계획이 나와

무슨 일이든 주체적으로 한다고 생각해　113

머릿속이 복잡할 때는 가까이에 있는 인생 선배를 찾아가　124

책 속에 길이 있다는 말, 진짜야　132

혼자만의 영역을 만들어봐　139

그동안 안 해본 일을 틈틈이 해봐　150

뭘 하든 최선을 다해서 도전해　160

때론 혼자보다 여럿이 단합하는 게 좋은 결과를 가져와　168

4. 준비가 끝났다면 현재 가능한 일들부터 차근차근 해봐

무슨 일을 하든 조급해하지 마　181

어떤 계획을 세우기 전엔 최대한 정보를 모아　188

계획을 세웠다면 추진하되, 상황에 맞춰 수정하는 융통성이 필요해　195

무엇보다 중요한 건 실행에 옮길 수 있는 추진력　202

당장의 결과에 연연하지 마, 승패는 자신만이 아는 거야　211

5. 잊지 마, 인생의 10대는 단 한 번뿐이야

젊음은 패기야! 어떤 순간이 와도 용기를 잃지 마　219

한 가지라도 좋아, 특기를 살려　224

안 풀리는 문제는 혼자서 고민하지 마　228

어떤 일이든 '노력'이 뒤따라야 한다는 걸 명심해　233

곧 스무 살이 될 자신을 위해 책임감을 배워　238

무엇보다 자신의 인생을 사랑해　244

작가의 말 - 10대, 그 찬란한 순간을 위하여

'어느 대학에 갈 것이냐'가 아니라 '무엇을 할 것이냐'가 중요해

8

무엇보다 중요한 건 '목표 의식'

　초등학교 고학년 때였나? 어느 날 TV를 틀었는데 '인디아나 존스'가 나오는 거야. 그때 나는 그런 영화가 있는 줄도 몰랐어. 지금도 그렇지만 그때도 문화적 소양이 워낙 일천했으니까, 하하. 근데 보기 시작한 순간부터 영화에 확 빨려 들더라. 존스 박사가 쓰고 있는 모자나 휘두르는 채찍, 온갖 암호를 해독해내는 그 지적인 모습까지, 시쳇말로 '간지가 잘잘' 흐르더라고. 그래서 난 그날 결정했어.

　"고고학자가 되고야 말리라."

뭐, 지금 생각해보면, 원주민을 닥치는 대로 잡아 죽이고 남의 나라 문화유산을 탈취하던 존스 박사는 고고학자라기보다 도굴꾼에 가까운 것 같지만.

그거야 어쨌든, 사실 고고학자 말고도 어렸을 때의 나는 참 꿈이 많았어. '인디아나 존스'를 보기 전에는 셜록 홈스 시리즈나 애거서 크리스티 추리물 같은 걸 줄곧 읽었는데, 그때는 또 탐정이 되겠다고 결심했지. 나름대로는 대단한 포부였다. 우리나라에는 탐정이 거의 존재하지 않는다는 말을 아버지가 해주셨을 땐 절망했을 정도니까. 유치원 때 그린 그림일기를 보면 의사가 되고 싶었던 시절도 있었던 것 같고.

여하간 난 정말 이것저것 하고 싶은 게 너무 많았어. 그래도 장래희망 중에서 고고학자가 되겠다는 희망만큼은 좀 차원이 달랐지. '탐정' 같은 것보다야 훨씬 실현 가능성도 높았고, 초등학교 고학년쯤 되다 보니 이 꿈을 이루기 위해서 나름대로 현실성 있는 행동도 할 수가 있었거든. 이를테면 역사책을 읽는다거나 하는 것 말이야.

물론 초등학교 수준의 역사책인데 별거 있었겠냐만, 그래도 그때 봤던 책들이 참 많이 기억에 남는다. 난《먼 나라 이웃 나라》같은 만화책이나《삼국지》처럼 영화로 만들 만큼 재미있는 이야기들을 주로 봤어. 하지만 무엇보다도 진지한 학자들은 별로 관심을 갖지 않는 책들이 제일 재미있었지. 아직 검증되지 않은, 좀 이상한 이야기들이 적힌 책 말이야. 그러니까 요즘으로 치면 《다빈치 코드》쯤 되려나?

왜냐하면, 생각해봐. 존스 박사처럼 아무도 몰랐던 유물을 찾으려면, 누구도 관심 갖지 않는 책에서부터 출발해야 하잖아.

그러다 보니 내가 읽은 책들 중 상당수는 역사적 사실과는 상당히 동떨어진 책들이 되고 말았어. 그러니까 뭐, 너희들은 웃을지도 모르겠지만, 내가 제일 재미있게 읽은 '내 나름대로의 역사책'은 《퇴마록》이었다. 이거야(엄청 유명한 판타지 소설이야. 안 읽어본 사람들은 재밌으니까 한번 읽어봐. 엄마가 판타지 소설 읽는다고 뭐라 그러시면 교육적인 소설이라고 말씀드리고. 이건 나한테 과외받는 애들한테 주는 팁인데, 만화도 이렇게 보면 돼. 예컨대 《바람의 검심》을 본다고 뭐라 그러시면, 이게 일본 근대사를 한눈에 정리해놓은 만화라, 이거 보는 애들은 일본 역사는 따로 공부 안 한다고 말씀드려. 거짓말도 아닌데, 뭐). 아무튼 그 책 뒤의 주석에 보면 세계의 온갖 신화나 야사(야한 사진 말고, 비공식 역사 말이야)들이 많이 실려 있단 말이야. 난 일단 그 모든 게 사실이라고 가정하고 책을 봤지.

왜, 있잖아. 그 트로이 유적을 발굴한 사람. 이름이…… 그래. 하인리히 슐리만. 같은 시대 사람이 아니니 정확히 알 수는 없지만, 전하는 이야기에 따르면 슐리만은 남들한테 비웃음도 많이 당했대. 모두들 트로이 이야기는 전설일 뿐이라고 믿었는데, 슐리만은 기어이 트로이를 발굴하고야 말겠다고 했거든. 그런데 결국 어떻게 됐느냐, 슐리만이 이겼지. 그 사람은 트로이를 진짜 찾아내서 《일리아스》가 어느 정도 사실인 걸 밝혀냈으니까. 그래서 어렸을 때 내 생각으로는, '그래, 나라고 슐리만처럼 되지 말라는 법 있나?' 싶었던 거야.

그래서 내가 읽은 책들은 매우 판타스틱하고 재미있는 것들이었지. '신비한 TV 서프라이즈' 같은 데에 나오는 이야기들 말이야. 난 성격이 별로 차분하지 못해서 재미없는 일은 오래 붙들고 있지를 못하거든. 근데 읽는 책들이 재미있다 보니까 꿈을 오래 간직할 수 있었어. 심지어 그 꿈이 발전하기까지 했지. 인디아나 존스 같은 고고학자에서 '통찰력 있는 역사학자'로 바뀌었던 거야. 난 운동을 별로 못했기 때문에, 나이가 들수록 내가 인디아나 존스처럼 유적 위를 날아다니는 건 힘들겠다는 생각이 들기도 했고, 이것저것 책을 읽다 보니까 인디아나 존스가 옛날처럼 멋지게 보이지 않았거든. 위에서도 말했지만 존스 박사는 도굴꾼에 더 가깝더라고.

한편으로 또 이런 것도 있었어. 너희들이 보기에 내가 너무 고리타분한 얘기를 하는 것처럼 보일까봐 좀 걱정스럽긴 한데, 나도 사실 신세대거든. 그러니까 인터넷과 잘 어울리며 살아왔다 이거지. 너희들도 뭔가에 관심이 생기면 네이버 지식인 같은 곳을 찾아보잖아. 나도 마찬가지였어. '한국의 미스터리 X파일' 같은 카페에 가입해서 우리나라에 옛날부터 전해 내려오는 전설이나, 사실은 외계인이 신라를 멸망시킨 것인지도 모른다는 얘기나, 잘 알려지지 않은 역사 이야기 같은 걸 읽으면서 놀았지. 그런데 그런 데에서 놀다 보면 꼭 이상한 사람들이 게시물에 태클을 걸고 그러잖아? 근데 내가 놀던 사이트에서는 주로 엄청난 근거를 가지고 와서, 내 말이 맞다는 걸 증명하면 잠잠해지는 편이었거든. 그래서 난 진짜 별 책을 다 읽었다. 《한국 농기구의 역사》니 뭐 이런 것들.

그런데 그런 책들을 읽다 보니까, 책을 쓴 사람이 불쌍해지는 거야. 그런 책은 거의 아무도 안 읽더라고. 그 사람들은 평생 그 내용만 공부해서 정성껏 써놓은 건데 그냥 묻히더라니까. 내가 볼 땐 나름대로 쓸모도 있고 재미도 있는 책인데.

한편으로 걱정도 됐지. 나중에 내가 쓴 책도 그렇게 될 수 있잖아. 그러니까 내가 역사학자가 되어서 엄청난 진리를 담은 책을 썼는데, 그 책을 아무도 안 읽을 수도 있다는 거지.

그때 난 문득 《퇴마록》을 떠올렸어. 사실 그 책이 아니었으면 내가 언제 인도 신화에 관심을 가졌겠냐? 또 '인디아나 존스'도 생각났지. 그 영화 아니었으면, 난 어쩌면 고고학자라는 직업이 존재한다는 것도 잊고 평생을 살았을지도 몰라. 그래서 생각했다. 사람들이 아무도 관심을 안 가지는 책이나 잊혀버린 위인들을 주인공으로 한 소설이나 영화를 만들어야겠다고 말이야. 관심받는 역사학자가 되고 싶었달까?

다행스럽게도 난 당시에 내가 글을 꽤 잘 쓴다고 생각하고 있었거든. 이렇게 말하는 이유는, 지금 와서 옛날에 쓴 글을 보면 어처구니가 없어서 콧바람이 나오기 때문이야. 아무튼 그때는 내가 나름대로 잘 쓴다고 생각했어. 그래서 이런저런 이야기를 엮어서 인터넷에 연재하기 시작했지.

그러다가 천만 뜻밖에도 출판을 하게 됐어. 진짜 운이 좋았던 거야. 이렇게 일단 기회가 오다 보니까 또 새로운 글을 써 보고 싶어졌고, 두 번째로 쓴 소설은 보다 내 꿈에 가까웠어. 볼테르라는, 내가 매우 좋아하지만 잘 알려지지 않은 인물과 과거의 여러 역사적 사실들을 버무려서 조금은 재미있을지도 모르는 이야기로 만들어냈으니까.

그러고 살다 보니까 난 대학생이면서 작가라는, 나로서는 좀 얼떨떨한 타이틀을 달게 됐어. 어때, 내 원래의 꿈과는 좀 차이가 나지? 원래 나는 역사학도, 그보다 먼저 존스 박사 같은 고고학자가 되고 싶어 했으니까 말이야.

심지어 지금 난 사학과도 아닌 '사회'학과를 다니고 있거든. 하지만 만족스러워. 만일 사회과학대에서 역사를 공부할 길이 전혀 없었다면 난 대학교를 안 가고 '재야사학자 지망생'을 하고 있었을지도 몰라. 그런데 책을 읽고 인터넷을 돌아다니다 보니까, '경제사'라는 분야가 있다는 거야. 경제사를 하려면 경제학과 사학을 둘 다 잘해야 하지. 그런데 이 분야에는 사학 전공자는 많은데 경제학 전공자가 부족해서 문제라는 걸 알게 됐어. 그래서 난 경제학을 전공한 경제사학자가 되려고 사회과학대에 들어왔지.

그런데 이런저런 강의를 듣다 보니까 사회학 분야에도 역사사회학이 있다는 걸 알게 됐고, 사회학에서 쓰는 분석 틀이나 사회학이 갖고 있는 나름의 관점에 매력을 느껴서 사회학도 좋아. 그래서 지금 난 사회학적인 관점을 가진 역사학자이면서, 공부한 내용을 사람들과 폭넓게 공유할 수 있는 대중소설가가 되는 게 꿈이야.

그러니까 대체 하고 싶은 얘기가 뭐냐고? 꿈은 어차피 계속 바뀌니까 되는 대로 살아라? 아니, 오히려 정 반대야. 내가 하고 싶은 말은 이 장의 제목 그대로라고. 주체적인 삶에서 가장 중요한 건 '목표 의식'이라는 거.

물론 그 목표가 바뀌지 말라는 법은 없어. 사실 너희나 나나 어른들, 소위 부모님 세대의 눈으로 보면 어린애들에 불과하겠지만, 내가 대학교에 와서 가장 많이 느낀 건 정말 세상은 넓고 할 일은 많다는 거야. 난 대학교에 오기 전에는 역사사회학이라는 게 있는 줄도 몰랐다니까.

너희도 아마 비슷할 거야. 아무리 너희가 똑똑하더라도 고등학교 때 세우는 목표에는 한계가 있을 수밖에 없다는 얘기지. 너희가 못 본 세상이 훨씬 넓거든. 그러니까 더 넓은 세상을 본 뒤에, 그에 맞게 목표 의식을 바꾸는 건 비겁한 게 아니라 현명한 거라고. 생각해봐, 내가 아직도 명탐정 코난처럼 근사한 탐정이 되겠다고 하고 있으면 좀 웃기지 않겠냐?

그러면 어차피 바꿀 목표, 뭣 하러 세우느냐고? 글쎄. 심심해서 낙서하다가 공책을 덮어버리는 사람과 똑같은 그림을 그리더라도 만화가가 되기 위해서 그리는 사람. 아니면 심심풀이로 TV를 보는 사람과 장래에 PD가 되겠다는 꿈을 품고 그 프로그램을 분석하면서 보는 사람. 당연히 얻는 것은 다르지 않겠냐?

내 경우도 마찬가지야. 그냥 심심풀이 삼아 미스터리물을 읽었을 뿐이라면 지금 기억하고 있는 것도, 그걸 활용해 글을 쓸 머리도, 새로운 꿈을 찾아갈 여력도 없었겠지. 그래서 설사 달성하지 못할지라도 언제나 목표 의식을 갖는 건 중요하다고 봐.

전에 박경림 씨가 이런 얘기를 하더라. 박경림 씨는 스무 살 때 몇 가지 목표를 세웠대. 삼십 대가 되기 전에 결혼하고, TV에 출연하는 것 등이었다지. 그런데 서른이 안 된 지금, 이 목표들을 다 이루어서 행복하다는 거야. 하지만 내 생각은 그래. 그렇게 구체적인 목표를 갖고 그것에 따라서 열심히 살았다면, 설령 그 목표가 이루어지지 않고 다른 것으로 바뀌어 있더라도 박경림 씨는 여전히 행복했을 것 같아.

Special Tip

남들이 뭐라 해도, 황당해 보이더라도, 너희 마음을 끄는 목표를 하나 잡아. 그 목표 의식 자체가 너희들에게 무언가를 선물할 거야. 목표가 잘못된 것일까봐 걱정할 필요는 없어. 너희가 아는 세상이 넓어지면 목표도 바뀔 수 있는 거니까.

하고 싶은 게 뭔지 모르겠다고?
그럼 그것부터 알아봐

내가 앞 장에서와 같은 이야기를 하면 친구들이나 동생들이 항상 쓴웃음(이라고 쓰고 '썩소'라고 읽지)을 지으며 이렇게 말했지.

"넌 참 좋겠구나. 난 너처럼 그렇게 꼭 하고 싶은 일이 없는데."

아마 너희들 중에도 이렇게 생각하는 사람들이 있을 거야(이 장은 그런 친구들을 위한 내용이니까, 만일 목표 의식이 확고한 사람이 있다면 바로 다음 장으로 넘어가도 좋아). 만약 그렇다면 내가 앞에서 써놓은 경험담이 잘난 척하는 것처럼 느껴졌을지도 모르겠다. '확고한 목표 의식'은 어디에서나 강조하는 말이니까.

하지만 절대로 그렇지 않아. 난 외로운 영혼이라 혹시 이 책을 읽은 너희들 중 하나와 연락이 닿는다면 꼭 친구가 되고 싶다고. 그런데 잘난 척을 할 리가 없지. 그러니까 일단 마음을 열고 아래 내용을 읽어봐.

내가 다른 친구들이나 나한테 과외수업을 받는 학생들한테 들어보면, 확실히 어렸을 때부터 장래희망이 확고한 아이들은 몇 안 되는 것 같아. 대부분 뭘 할지 고민하고 있거나, 딱히 하고 싶은 것도 없는데 주변에서 자꾸 뭐가 될 거냐고 물어대니까 '대답용 장래희망'을 한두 개 정해놓고 있는 형편이더라고. 아니면 그냥 되는 대로, 일단 자라고 나서 보겠다는 생각이든지. 하긴 자우림 노래 중에도 이런 게 있어. 제목이 '오렌지 마말레이드'였던가? 가사를 조금만 뽑아보면 이래.

하고픈 일도 없는데, 되고픈 것도 없는데
모두들 뭔가 말해보라 해.
별다른 욕심도 없이, 남다른 포부도 없이
이대로이면 안 되는 걸까?

내 생각엔 말이야, 이런 사람들이 대다수니까 이런 노래가 나온 게 아닐까 싶어. 그래야 공감대가 형성되어서 부르는 사람이 많아지고 인기를 끌 테니까. 하긴 뭐, 난 좀 특이한 경우였던 것 같아. 그놈의 인디아나 존스가 뭔지 말이야.

그런데 잘 생각해봐. 너희들도 분명 하고 싶은 게 있어. 그렇지 않다는 생각이 드는 이유는, 너희들이 장래희망을 꼭 직업과 관련된 것으로만 여겨서 그럴 가능성이 크지. 하지만 지금도 그렇겠지만 나이가 들어서도 너희를 구성하는 요소는 아주 많다고. 꼭 직장이 아니더라도 말이야.

여기서 창의력을 한번 살려보자. 미래를 마음껏 상상해보는 거야. 단 한 가지 주의할 점은, 너희 미래가 밝을 거라고 가정하고 상상하라는 거. '내 미래는 암울해. 내일 당장 죽을지도 모르는데.'라고 생각해버리면 재미도 없고, 사실 그럴 가능성이 그리 높지도 않으니까 말이야. 그렇다고 너무 터무니없는 상상을 하지는 말고. '난 우주를 지배하는 밤의 황제가 되어 있을 것이다!'라는 시나리오는 너무 황당하니까.

그럼 이제 좀더 구체적인 가정을 한번 해보자. 어느 날 잠이 들었다 깨보니까 지금은 2038년의 대한민국이야. 내가 이 글을 쓰고 있는 시점으로부터 딱 30년 후니까 너희들도 마흔 몇 살이 되어 있겠지?

잠에서 깨어난 너희들은 일단 주변을 한번 둘러봤어. 평소 생활 습관에 따라서 너희들이 잠에서 깨어난 시간은 새벽일 수도 있고 한낮일 수도 있을 거야. 너희 옆에는 누군가가 아직 잠들어 있을지도 몰라. 그 사람은 아내 혹은 남편일 가능성이 높겠지. 하지만 너희가 화려한 솔로로 살고 있기 때문에 아무도 없을 수도 있어.

이때 방은 어떤 모습일 거 같아? 나는 항상 책이 여기저기 쌓여 있는 방을 상상하곤 하는데, 너희 중 어떤 사람은 엄청난 부자의 호화로운 침실을 상상할지도 모르겠다. 아니면 사방에 첨단 전자제품들이 가득 놓여 있는 방일지도 모르고, 애완동물을 수없이 키우고 있을 수도 있지. 아마 자식이 있지 않을까? 부모님과 같이 살거나 부모님 옆집에 살고 있을 수도 있고.

자, 그러면 이제 세수를 하고 옷을 챙겨 입은 다음이라고 생각해보자. 지금부터 뭘 할까? 전업 주부로서 집안일을 돌보고 반찬 걱정을 할 수도 있을 거고, 가수나 배우가 되었기 때문에 엄청나게 바쁜 스케줄로 허둥지둥할지도 몰라. 나라면 아마 빵 하나를 물고서 컴퓨터 앞에 앉아서 뭔가 쓰고 있겠지. 아니면 책을 읽거나. 누군가는 아침을 대충 때우고 직장으로 갈지도 모르겠군.

이러면 또 재미있게 상상할 거리가 생겨. 직장은 어디에 있고, 어떻게 생겼고, 너흰 거기서 무슨 일을 할까? 조립 라인 설계? 장부 정리? 홈페이지 디자인? 기자? 아니면 보다 현장에 가까운 일을 할 수도 있지. 건설 현장 감독이라든지, 자동차 판매 영업이라든지. 너희들 이름으로 된 농장을 살펴보러 나갈 수도 있고, 먼 바다를 항해하는 마도로스가 되었을지도 몰라. 의사나 변호사 같은 '억' 소리 나는 직업을 갖고 있을 수도 있지. 아니면 동네에서 작은 가게나 PC방 같은 걸 운영할 수도 있고.

그럼 그 직장에서는 어떤 사람들을 만나고, 일은 얼마나 잘하고 있을까? 정말 일에만 매달려서 엄청난 성과를 내는 유능한 사원이 되어 있을지도 모르고, 가끔 상사의 잔소리를 듣지만 넉넉하게 웃으며 자리를 지키는 사람일 수도 있지 않겠어? 아니면 업무 능력은 별로지만 주변의 다른 사원들한테 인기가 아주 좋은 분위기 메이커일지도 모르고. 난 이 정도밖에 상상을 못하지만 너희들은 더 여러 가지를 떠올려볼 수 있을 거야.

그럼 이제 그렇게 바쁜 시간을 보내다가 오랜만에 휴일을 맞았다고 하자. 그 휴일은 어떻게 보낼까? 가까운 곳으로 여행을 가거나 친구들을 불러서 술 한 잔을 해도 좋겠지. 아니면 가족들과 놀이공원에 갈 수도 있고, 하루 종일 TV 앞에서 누워 있는 것도 좋은 휴식 방법이야. 혹은 부모님이나 형제들, 또 그 형제들의 식구들과 모여서 재미있게 놀 수도 있어. 화려한 솔로라면 애인을 만나고 있을지도 모를 일이지.

이것 말고도 미래의 삶에 대해 상상할 일은 많아. 그러니까 내 말은, 직업 말고도 미래의 너희 삶을 구성할 요소들이 아주 많을 거란 이야기지. 그리고 난 그 모든 게 다 장래희망이라고 생각해. 나 같은 경우는 직업에 대해서 분명한 장래희망이 있지만, 다른 분야는 그렇지 않아. 어떤 가정을 꾸릴지, 어떤 집에서 살지 같은 건 막연한 상이 있을 뿐이지 분명하지 않다는 말이야.

그런데 너희들 중에는 나와 완전히 반대인 사람도 있을 거야. 어떤 집에 살고, 누구와 살고, 어떤 취미생활을 하고 등등, 모든 것이 분명하지만 단지 직업에 관련된 일만 명확하지 않을 수가 있단 말이지. 한편으로는 꿈은 거창하지만, 정말 그 일을 하기엔 능력이 모자란다는 생각이 들어서 일찌감치 포기한 걸지도 모르고.

하지만 그게 이상하거나 고쳐야 될 점은 아니야. 사실 대부분의 사람들이 그래. 평범하게 오순도순, 사랑하는 사람들과

화목한 가정을 이루어 사는 것, 유별나게 두각을 드러내지 않더라도 크게 모자람 없이 지내고, 남들한테 피해주지 않고, 좋은 사람으로 잘 사는 것이 목표인 사람들이 아마 대다수일 거야.

만일 너희 뜻도 그렇다면, 무슨 직업을 갖느냐는 사실 별로 중요하지 않을 수도 있어. 평범한 직장인으로서 가족들을 먹여 살리기에 충분한 봉급을 받고, 양심에 어긋나지 않는 일이라면 무엇이든 상관없다고 생각할 수도 있을 거야. 그렇다면 그게 너희 목표고 장래희망이니까, 너희는 목표도 포부도 없는 삶을 사는 게 아니라고. 앞으로 누가 물어보면 그렇게 대답하면 되지, 굳이 그렇게 끌리지 않는 거창한 목표를 세워놓고 그 목표에 짓눌려서 헉헉댈 필요는 없어.

다만 이것만은 알아둬야 해. 너희들의 포부가 직업과 관련되지 않는 경우에도, 너희는 보다 구체적인 계획을 세우고 미래를 준비해야 할 거야. 너희가 엄청난 재벌 집 자식이 아닌 이상, 언젠간 스스로를 먹여 살리고 심지어 딸린 가족도 부양해야 할 때가 올 테니까. 그러니까 사회에서 쓸만하다고 인정하는 사람이 되려면 어떤 것이든 직업을 가져야 한단 말이지. 그리고 이왕이면 가장 좋아하고 즐겁게 할 수 있는 일을 선택하라고 말하고 싶다.

왜 그래야 하느냐고?

너희들도 십몇 년 살면서 느꼈겠지만, 살다 보면 불행한 일, 혹은 불행까지는 아니더라도 컨디션을 나빠지게 하는 짜증 나는 일이 반드시 발생해. 30년 후에도 분명히 그럴 거야. 애들은 키워놨더니 말도 안 듣고, 배우자와는 말다툼을 한 어느 날이 있겠지. 아니면 가족 없이 멀쩡히 잘 지내다가 문득 슬프고 외롭다는 생각이 드는 날이 올 수도 있겠고. 그런 날이 살다가 하루도 찾아오지 않는다면 오히려 더 이상한 거 아니겠어?

그런데 그런 날, 너희들이 하고 있는 일이 정말 하기 싫어 죽겠는데 돈 때문에 억지로 하는 거라면? 진짜 끔찍하지 않냐? "에이, 이놈의 집구석!" 하고 큰 소리 치고 직장에 갔는데, 그 직장이 더욱더 성질을 돋운다면 말이야.

그런데 반대로, 만일 너희들이 하는 일이 손에만 잡으면 모든 잡스러운 생각이 지워질 정도로 좋아하는 일이라면, 그 정도는 아니더라도 일상에서 짜증이 날 때조차 즐겁게, 스트레스를 가장 덜 받고 잘할 수 있는 직업이라면 조금 더 즐겁게 살 수 있지 않겠어?

그러니까 갖고 싶은 직업이 딱히 없는데 장래희망으로서 직업을 생각해야 한다면 저런 맥락에서 한번 해보라고 하고 싶어. 그러면 꼭 남들이 보기에 엄청 대단한 직업을 가질 필요는 없다는 걸 알게 될 거야. 그냥 하기에 즐거운 일이면 무엇이나 내 직업이 될 수 있겠거니 생각하는 것도 좋은 방법이란 말이야. 너희들을 행복하게 해주는 요소가 '명성' 그 자체가 아니라면. 글쎄, 이렇게 생각했는데도 마땅히 좋아하는 일이 없을 수도 있지. 그냥 평생 놀기만 했으면 좋겠는데(사실 나도 이런 생각을 종종 하니까) 그럴 만한 형편이 안 되어서 뭐든 일을 하기는 해야 하는 상황일 수도 있어. 그게 아니라도, 놀고먹기만 하는 인생은 한심스럽고 싫어서 직업을 갖고 싶은 것이지, 특별히 좋아하는 일이 없을 수도 있고.

그렇다면 너희들이 가장 잘하는 일이 뭔지 곰곰이 생각해봐. 사람이 가질 수 있는 재능은 아주 많아. 글재주가 있을 수도 있고, 힘이 장사일 수도 있고, 사교성이 특출할 수도 있고, 몸이 재빨라 운동을 잘할 수도 있고, 환경문제나 인권문제 같은 사회문제에 관심이 많을 수도 있고, 기계 조립 하나는 끝내주게 잘할 수도 있고, 동물이나 어린애들처럼 약한 존재를 보살피는 능력이 있을 수도 있고……. 이외에도 능력의 종류는 많으니까 각각의 경우에 어떤 직업이 어울리는지 한번 살펴봐. 이런 고민이라면 부모님이나 선배들, 선생님들도 도와주실 테지만, 만일 어른들하고 굳이 이야기하는 게 어렵다면 친구들이나 책, 심지어 인터넷에서도 여러 조언을 구할 수 있을 거야. 그리고 해당되는 직업을 목표로 삼으면 돼.

근데 좋아하는 일이 딱히 없는 사람이 왜 잘하는 일을 선택 해야 하냐고? 그건 그게 즐겁기 때문이야. 미치도록 좋아하 지는 않지만 잘하는 일이 있어서 그 분야의 직업을 가지면, 어쨌거나 잘하는 일이니까 그 일을 할 때 성과가 분명히 생기 거든. 그리고 성과를 내는 사람들은 동료들에게 인정을 받지. 남들의 칭찬과 존경을 받으며 보람 있는 삶을 사는 건 즐거운 일이니, 굳이 좋아 죽겠어서 택한 일이 아니더라도 즐겁게 할 가능성이 높다는 거야. 이런 맥락에서 생각해보면 분명 너희 들이 앞으로 어떤 직업을 갖고 어떤 일을 할 것인가에 대해서 여러 가지 생각을 떠올려볼 수 있을 거야. 그렇다면 너희는 자신에게 맞는 맞춤형 포부와 목표를 갖게 되겠지. 어때?

Special Tip

장래희망은 꼭 직업에 관한 것일 필요가 없어. 너희들이 10년, 20년, 30년 후에 어떻게 살고 있을지 상상해본 다음, 그런 삶을 실현시키 기 위해서 어떤 방법이 좋을지 폭넓게 생각해봐. 직업은 그 일부분이니까 즐겁고 잘할 수 있는 일을 하면 돼.

어떤 일을 하든 공부는 필요해

제목이 참 암울하다. 하하! 여태까지 날 친근한 형 정도로 여겼던 동생들에겐 배신감마저 안겨줄 수 있는 멘트겠군. '어떤 일을 하든 공부는 필요하다니, 그런 고리타분한 말을!' 이라는 얘기가 절로 나오겠다. 앞에서는 실컷 공부 따위는 안 해도 될 것처럼, 나름대로 목표만 확고하게 설정하면 될 듯이 말하더니만.

그러나! 이 장을 끝까지 읽으면 너희들도 생각이 바뀌게 될 거야. 더구나 내가 여기서 말하는 공부가 너희들이 학교와 학원에서 매일 시달리고 있는 공부, 그러니까 영어 단어를 외우고 까먹고, 외우고 또 까먹고, 수학 문제를 풀고, 푼 문제 또 풀고, 다시 풀다가 틀리고, 짜증 내면서 다시 풀면 맞아서 어딜 모르는 건지도 모르겠다는 걸 확인하고, 언어 시간에 배우는 문학작품을 보면서 시인과 소설가들의 마음을 느끼기보다는 이 망할 인간이 왜 쓸데없이 글을 써가지고 문제를 풀게 만드는지 회의가 드는, 그런 것과는 좀 다르거든.

그럼 내가 말하는 공부는 뭐냐고?

먼저 한 가지를 짚고 넘어가자. 여기까지 이 책을 읽은 너희들은 둘 중 하나일 거야. 하나는 직업과 관련된 확실한 목표나 장래희망을 가진 축일 거고, 다른 하나는 "딱히 하고 싶은 것이 없다."고 그동안 말해왔고 당분간은 특별한 직업에 갑자기 매료될 것 같지도 않지만, 직업과는 다른 측면에서 어떤 삶을 살 것인지 꿈을 가진 친구들. 이 밑으로는 두 경우를 나눠서 글을 쓸 테니까 다 읽어도 좋고 자기랑 관련된 부분만 읽어도 좋아.

일단, 장래에 하고 싶은 일과 갖고 싶은 직업이 뚜렷한 친구들부터.

학문으로 업적을 쌓겠다거나 대한민국 의학이나 법학의 발전을 이루어서 인류를 질병으로부터 해방시키고 사회정의를 이루겠다는 친구들, 세계 영화사에 한 획을 그을 위대한 영화를 찍거나 진리를 통찰하는 문학작품을 쓰고 싶다는 친구들, 사회적 약자를 위한 제도를 마련하고 보다 살기 좋은 세상을 만들기 위해 한 몸 기꺼이 바칠 용의가 있는 친구들 등등.

너희도 알겠지만 너희는 그 꿈을 이루기 위해서 남들의 배는 노력해야 돼. 너희들이 하려는 일은 어쨌거나 조금씩 세상을 바꾸는 일들이고, 세상은 만만치가 않으니까. 무엇을 상상하든 그 이상을 보게 될 가능성이 높지. 세상이란 거의 괴물처럼 보일 때조차 있으니까.

심지어는 성공한 혁명가로 평가되는 체 게바라조차 "우리 모두 리얼리스트가 되자. 하지만 가슴속에는 불가능한 꿈을 간직하자!"고 말했을 정도야. 체 게바라도 꿈을 이루고 세상을 바꾼다는 게 거의 '불가능'에 가깝다는 걸 알고 있었고, 바로 그 꿈을 이루기 위해서는 일단 세상의 만만치 않음을 직시하는 리얼리스트가 되어야 한다는 걸 알고 있었던 거지.

뭔 소리냐고? 흠. 쉽게 말해서, 만화만 봐도 말이지. 어떤 마왕이 나타났을 때 폼 나는 주인공은 "마왕, 까짓 거 대충해도 이겨." 이렇게 말하지 않아. 그건 코미디지. 진짜 영웅같은 주인공은 "마왕을 죽일 수 없을지도 모르고 내가 져서 목숨을 잃을지도 몰라. 하지만 맞서겠어!"라고 말한다고.

무슨 말인지 알겠지? 나 학교 다닐 때 "덤벼라, 세상아!"라는 광고가 있었는데, 그런 말을 할 수 있으려면 정말 용기가 있어야 한다는 거야. 그리고 진짜 용기는 첫째, 아주 깊고 현명한 판단, 둘째, 그 판단에 근거한 진중한 결심, 셋째, 그 결심에서 비롯된 치열한 노력, 이 세 가지가 다 뒷받침될 때만 가질 수 있는 것 같아. 이 세 가지를 한마디로 줄이면 '책임감'이고. 깊이 생각해보지도 않고, 결심을 해본 적도 없고, 노력도 하지 않으면서 함부로 덤비는 사람들은 애송이나 철부지, 천둥벌거숭이 등등으로 불려. 그리고 그런 사람들은 세상을 바꾸기보다 주변 사람들한테 피해를 주는 경우가 많지. 그들이 '용기'라고 부르는 걸 진짜 용감한 사람들은 '만용'이라고 하고.

예컨대 "우린 정신력으로 다 이길 수 있다!"고 외치면서 손에 낫 하나 들고 기관총 부대로 돌격하라는 장군을 생각해봐. 그 밑에 있는 병사들은 뭔 죄냐? 그 장군은 용감한 게 아니고 책임감이 없는 거야. 만일 정말 훌륭한 장군이라면, 무턱대고 덤비는 대신 부대 무장을 갖추고 효과적인 전술을 마련해서 영리하게 싸우려고 하겠지. 너희들이 상상해봐도 알겠지만, 그런 장군이 된다는 건 무지하게 어려운 일이야. 엄청난 노력없이는 절대 될 수 없어. 사실 이렇게 말하는 나도 아직 그런 사람이 되기엔 턱없이 부족하지. 하지만 어쨌든 노력은 하고 있는데……. 너희는 어때?

왜 묻냐 하면, 너희가 노력을 하고 있는지 아닌지는 너희 스스로 알 수 있기 때문이야. 너희가 무얼 하든 학교 공부를 하는 게 아니면 누군가는 너희를 보고 "저놈의 자식, 공부하기 싫으니까 괜히 폼이나 재고 놀러 다니고 말이야. 쯧쯧." 이라고 할 거고, 어떤 사람은 "와, 역시 넌 뭔가 다르다. 성적 따윈 신경 쓰지 않고 꿈을 향해 정진한다니 멋진데."라고 말하겠지. 근데, 그런 말은 들을 필요가 전혀 없어. 단언컨대, 남들이 너희를 부러워하든 깔보든 뭔 말을 어떻게 하든 그건 '아무런' 의미도 없거든. 장담하건대, 코딱지만큼도. 남들은 그냥 네 이미지만 보고 지껄이는 거야. 어느 쪽 말이 옳은지는 오직 너희 자신밖에 모른다고.

내가 좋아하는 판타지 소설 작가 중에 이영도라는 분이 계시는데, 그분이 쓴 《폴라리스 랩소디》라는 책에 이런 구절이 나와. '마법사는 세상의 모든 사람을 속일 수 있지만, 단 한 사람만은 속일 수 없다. 그건 바로 자기 자신'이라는. 어때, 그럴싸하지 않아?

흠. 열심히 생각해봤는데도 내가 지금 방황하는 건지, 열심히 노력하고 있는 건지 잘 모르겠다고? 그럴 수도 있어. 사실 그런 경우가 아주 많지. 그래서 내가 쓰는 방법을 하나 알려 줄게. 그건 자기 체크표를 만드는 거야.

제일 먼저 너희들의 큰 꿈을 이루기 위해서 스스로가 어떤 사람이 되어야 하는지 잘 생각해봐. 의로운 사람, 창의력 있는 사람, 배려하는 사람 등등, 큰 목표를 정해. 그리고 그 목표와 비교해봤을 때 너희들의 단점이 뭔지 한번 생각해봐. 예컨대 나는 많이 게으르고, 자제력이 별로 없고, 쓸데없이 말이 많고, 가끔 사람들에게 몰인정하게 군다는 점이 가장 큰 문제점이야.

그다음은 이 각각의 단점을 극복하기 위한 구체적인 목표를 정하는 거지. 예를 들어 나는 '게을러지지 않기 위해서 일찍 일어난다, 방 정리를 잘한다, 매일 한 번은 내가 설거지를 한다, 매일 신문을 읽는다, 하루에 계획한 만큼은 꼭 글을 쓴다, 목표한 책은 반드시 다 읽는다' 같은 목표를 정했지. 그리고 이런 자잘하고 구체적인 목표들을 지켰는지 안 지켰는지 매일 확인해보는 거야. 지켰으면 O, 아니면 X. 매일 O가 몇 개인지 세어서 채점을 해봐. 난 어제 해보니까 25점 만점에 9점, 100점으로 환산하면 36점이더라. 아주 절망적이야. 하지만 매일 조금씩 고쳐나가는 거지.

또 한 가지 방법이 있어. 어떤 프로젝트를 정해놓고 그걸 정말 열심히 해보는 거야. 물론 끝까지 해야 돼. 그리고 결과를 잘 봐. 결과를 보라는 얘기는 성적이나 남들의 반응, 벌어들인 돈 같은 걸 말하는 게 아니고 너희 마음속을 들여다보라는 얘기야. 정말 열심히 했다면 세상 사람들이 알아주지 않고 원하는 결과가 나오지 않더라도(우여곡절 끝에 영화를 개봉했는데 쪽박을 찬다든지) 불만이 생기지 않거든. 아주 신기하지.

사실 내가 이번 소설을 쓰면서 그런 느낌을 좀 받았기 때문에 하는 말이야. 저번 소설은 마감에 쫓겨서 급하게 썼는데, 이번 소설은 출간을 못해도 상관이 없으니 완벽하게 써보겠다는 생각으로 썼어. 그리고 마침내 원고를 출판사에 보낸 다음에 어땠냐고? 내 자신이 기특하다는 생각이 들더라고. 나는 최선의 노력을 다 기울였기 때문에 그 이상의 글을 쓸 수는 없다는 걸, 지금 이 글이 내가 쓸 수 있는 최고의 것이라는 걸 스스로 알았으니까. 내 생각엔, 이 뿌듯함이야말로 스스로를 점검하는 두 번째 방법, 그리고 가장 좋은 방법인 것 같아. 그거 진짜 기분 좋아. 그 보람과 뿌듯함. 후. 그때처럼 열심히 살아야 되는데 말이야. 하하.

그럼 이젠 직업에 대한 장래희망이 뚜렷이 없는 친구들에게도 공부가 필요한 이유를 말해줄게. 너희들의 꿈이 소박하고 행복한 가정을 이루는 것이든, 여행을 다니거나 스포츠를 하는 등 즐기고 싶을 때 즐길 수 있는 삶이든, 인심 좋고 넉넉하게 못 가진 사람들을 배려하고 베풀면서 사는 숨겨진 인격자이든, 남들에게 떵떵거릴 수 있을 정도로 풍요로운 삶을 사는 것이든, 또는 다른 어떤 것이든 간에, 어느 정도의 경제적 안정은 반드시 필요할 거야. 몸이 부서져도 좋고 목숨을 잃어도 좋다는 사명감으로 어떤 직업을 가진 게 아닌데, 그 직업이 힘들기만 하고 돈도 못 버는 직업이라 도무지 넉넉하게 먹고살 수가 없다면 상당히 괴로울 테니까.

사실 너희가 사회에 필요한 일을 한다면 그 일이 어떤 일이 되었든 인간답게 살 수 있도록 보장해주는 게 맞겠지. 그런데 너희도 알지 모르겠지만, 우리나라가 아직 그렇지 못해. 부모님이 생활비가 점점 오른다고 걱정하시는 거 들어봤을 거야. 미래에 대해서 예언하는 건 내 능력 밖의 일이다만, 이런저런 책을 읽어보니까 우리가 어른이 되었을 때는 더 심해질 것 같더라. 심지어 너희 세대와 내 세대를 포함한 우리들 중 80%는 한 달에 88만 원밖에 못 벌 거라는 경제학 분석도 있어. 어디 아프기라도 하면 병원비를 감당하지 못해서 빚더미에 앉게 되는 수도 있고, 내 대학 친구들이 '독거 노인 테크트리'라고 농담 삼아 부르는 그 코스를 밟게 될지도 몰라.

난 개인적으로는 이런 사회 현실을 바꾸는 것만이 방법이라고 생각해. 하지만 그 일은 아주 힘들고 아마 오래 걸릴 거고, 어떤 사회를 만들지 제대로 된 설계도를 그리려면 또 공부가 엄청나게 많이 필요할 게 분명하다고. 건강보험 하나만 생각해봐도, 보험료를 어떻게 거두고 어떤 식으로 아픈 사람들에게 제공하는 게 가장 많은 사람들을 가장 잘 도울 수 있을지 고안해내는 게 쉬울 리가 없잖아. 제대로 된 제도를 만들어도 그걸 실현시킬 힘을 얻는 것도 만만치 않은 일이고. 다시 말해서, 어떤 방식으로든 너희들이 원하는 걸 얻으려면 공부가 필요하단 얘기지.

뭐, 어떤 일을 할 때 그 일을 하는 것 자체가 즐겁고, 그 일 자체가 가치 있게 느껴진다면 그것만큼 좋은 게 없을 거야. 그래서 난 직업이나 일 자체에 사명감을 갖는 게 가장 행복하기 쉬울 것 같아. 행복도 조사를 하면 종교를 가진 사람들이 더 행복하다고 나오는 이유도 그래서인 것 같고. 하지만 한편으로는 다른 가치, 그러니까 직업은 그냥 수단일 뿐이고 인생을 즐긴다거나 가족과 편안히 지내는 것을 최고로 삼는 사람들도 큰 걱정 없이 행복을 느낄 수 있어야 더 좋은 세상이고 더 바른 세상이라고 생각해.

그래, 아직 우리나라가 그런 모습은 아니지. 하지만 각자 소중한 걸 이루고 지키고 행복하기 위해서라면, 그런 세상을 만들 때까지 우리 조금씩만 참고, 자기 자리에서 자기가 선택한 방법으로 최대한 노력해보는 것도 가치 있는 일 아니겠어? 넓은 의미에서의 공부가 바로 그 노력일 테고 말이야. 힘들지만, 힘내자고.

Special Tip

세상은 만만치 않아. 그래서 뭘 하든 공부는 꼭 필요하지. 사실 공부란 삶을 바람직하게 이끌기 위한 모든 노력을 의미하는 거니까.

대학을 가기로 결정했다면
'과'를 잘 선택해

여기에서 한 가지 짚고 넘어가야 할 문제가 있어. 우리나라 학생들의 84%가 대학교로 진학한다는 지금 이 시점에, 너희들도 대학이라는 현실적인 문제를 생각해야 할 테니까. 너희들의 꿈이 대학과는 전혀 관련이 없다면 이 장을 건너뛰어도 괜찮아. 하지만 꿈을 이루려면 일단 대학을 가야겠다고 생각한 친구들은 잘 읽어주었으면 좋겠어.

난 참 운이 좋게도 고등학교 3학년 때 아주 훌륭한 담임선생님을 만났어. 선생님이라기보다는 누나 같고 친구 같은 분이었는데, 이것저것 상담도 잘해주시곤 했지. 그런데 그 선생님이 해주신 이야기 중에 이런 게 있었어.

선생님이 고등학교 3학년이었던 시절, 선생님의 담임선생님은 별명이 '나이팅게일'이었대. 백의의 천사, 간호사 플로렌스 나이팅게일.

왜 그런 별명이 붙었느냐? 엄청나게 친절하거나 착하거나 아름다워서? 그건 아니었어. 그럼 왜냐고? 그 선생님은 자기가 맡은 모든 아이들을 간호대에 보내버리려고 했대. 간호사 일은 사회에 꼭 필요하고 보람도 있는 일이지만 육체적으로나 물질적으로 많이 힘든 것도 사실이니까, 각 대학마다 간호대 커트라인이 다른 과에 비해서 낮거든. 그래서 그 선생님은 무조건 서울대, 연세대, 고려대 등의 간호학과에 학생을 집어넣으려고 했다는 거야.

문제는 그 애들은 간호사가 될 생각이 별로 없었는데 졸지에 간호사 지망생이 되었다는 거지. 여기에 불만을 품은 아이들 사이에서는 그 선생님이 실적을 올리기 위해서 이런 '음모'를 꾸몄다는 소문까지 돌았다고 하더라. 하지만 그건 알 수 없는 일이니까. 어쩌면 그 선생님은 무조건 이른바 '명문대'에 아이들을 진학시키는 것이 걔들 장래에도 좋다고 생각했을지도 몰라.

그런데 너희들 생각은 어때? 너희들이 만약 영화감독이 되는 게 꿈이라고 해봐. 그럴 경우에도 명문대의 간호학과에 진학하는 게 나을까? 아니면 학교는 유명하지 않은 곳이라도 연극영화과에 진학하는 편이 좋을까? 내가 든 예가 좀 극단적이긴 하지만, 비슷한 고민은 다들 해봤을 거라고 생각해. 아마 각자 끌어낸 답도 다르겠지.

하지만 나라면 과를 택하겠어. '나이팅게일'을 겪으셨기 때문인지 우리 담임선생님 또한 과를 중요하게 고려해보라고 하셨고, 시간이 지날수록 그 조언이 참 맞는 말이었다는 생각이 들더라고. 하긴 내가 부모님처럼 50대가 될 때까지 살아본 건 아니니까 섣불리 뭐라 하긴 그렇지만, 적어도 지금까지 겪어본 바에 따르면 그래. 나를 봐도 그렇고, 내 친구들을 봐도 그렇고.

내 얘기는 위에서 했으니까, 이번엔 내 친구들 얘기를 해줄게. 고등학교 시절, 내 친구 중에 락 음악을 사랑하고 문화평론에 아주 관심이 많은 애가 있었어. 아마 너희들도 그런 친구를 한 명쯤은 알고 있을 거야. 각 반마다 한 명씩은 있었던 거 같으니까. 항상 썩소를 지은 채 세상을 달관한 듯이 바라보고, 가끔 시니컬한 말을 한마디씩 하고, 일본어에도 꽤 소질이 있으면서 나로선 이름조차 들어본 적 없는 밴드들의 음악을 줄 줄 꿰고 있는, 자기 세계가 확고한 친구 말이지.

그런데 그 친구가 충격적이게도 영어교육과에 갔어. 물론 그 친구의 장래희망은 영어 선생님이 아니었지. 어떤 종류든 선생님이 되고픈 마음은 별로 없는 친구였어. 물론 영어교육과에 간 것도 꼭 억지로 간 건 아니야. 나름대로 오랜 고민 끝에 내린 결정이었지. 그랬으니 대학교도 계속 다니고, 결국 임용고시를 봐서 선생님이 될 생각을 했겠지. 하지만 적성에 맞지 않아서 힘들어한다는 소식을 듣고 안타까워했던 기억이 난다. 그 친구는 차라리 미학이나 공연예술 분야를 공부했으면 나름대로 일가를 이루었을 텐데. 뭐, 아직 앞날이 창창한 친구지만.

또 다른 친구는 문학 소녀였어. 그 애는 글을 쓰는 것도, 읽는 것도 좋아하는 감수성 예민한 아이였지. 울기도 잘 울고, 화가 나면 교실이 떠나가도록 소리를 지르기도 하는 그런 성격이었어. 그 친구는 처음에 중앙대학교 문예창작과에 갔는데, 난 참 잘 어울린다고 생각했거든. 그 친구도 학교를 다니면서 매우 만족했고. 나한테 한국 문학의 흐름이라든지 주목할 만한 문학작품 같은 걸 이것저것 알려줬어.

그런데 좋은 날은 얼마 지속되지 않았어. 집안의 압박으로 그 친구는 결국 다니던 학교를 그만두고 재수를 해야 했던 거야. 그래서 결국 연세대 간호학과에 들어갔지. 물론 그 친구 집에서 원한 건 간호사가 되는 게 아니고 '연세대학생'이 되는 것이었지만. 그런데 이 친구가 얼마 전에 나한테 그러더라고. 간호사가 대체 왜 필요한지 모르겠대.

만일 그 친구가 간호사가 될 생각으로 오래전부터 준비해왔고, 간호사가 되고 싶었다면 그런 생각이 들지는 않았겠지. 간호사의 존재 가치와 보람을 확신하는 사람만이 간호사가 되겠다는 장래희망을 품었을 테니까. 그래서 난 그 친구가 조금 걱정스러워. 존재하는 이유조차 알 수 없는 직업을 가진 채 살면 과연 행복할까 싶어서 말이야. 뭐, 지금보다 더 어른이 되면 책임감이 더 강해질 테니 그 친구도 꾸벅꾸벅 간호사일을 잘 해내기야 하겠지. 하지만 하루하루를 '견디는' 기분으로 산다면 참 숨 막힐 것 같아. 혹시 돈 버는 기계가 된 느낌이 들지는 않을까?

이것과는 완전히 반대되는 사례도 있어. 그러니까 원하던 과에 입학해서 긍정적인 결과를 거둔 경우 말이야.

이 친구는 어렸을 때부터 공학도가 되는 꿈을 꿔온 녀석인데, 재수를 한 끝에 결국 기계공학과에 입학했어. 하긴 이 친구가 워낙 자기가 속한 곳에 적응이 빠르긴 하지만, 그런 점을 고려하더라도 위의 두 친구들과 비교해보면 아주 보람찬 대학 생활을 하고 있지. 학점이 잘 나오는 것은 물론이고, 밴드부 활동과 볼링부 활동도 했고, 연애도 두 번이나 해봤고, 실험실에 들어가서 연구 프로젝트도 수행하고, 연합 동아리 활동에 정말 이것저것 하더라고. 얼마 전에는 무슨 한우 프로젝트도 연구하더라. 무엇보다, 대학 졸업 후에 어떤 길을 걸을지에 대한 확실한 가이드라인을 갖고 있는 점이 멋져 보였어. UST라는 종합 연구기관에 들어가는 게 목표라고 해.

그런데 말이야, 만일 이 친구가 음대나 미대, 경영대, 인문대 등에 진학했더라도 지금처럼 활발한 활동을 하고 미래의 목표를 뚜렷이 갖고 있었을까? 난 아니라고 봐. 이 친구는 한국의 산업을 발전시키는 위대한 과학자가 되겠다는 포부로 저 모든 걸 하고 있는 거거든.

생각해보면 이런 결과는 당연한 거야. 왜냐하면 내 친구들 중 누구도 '대학생'이 장래희망인 아이는 없었으니까. 장래희망, 인생의 목표 자체가 대학생이었다면 좋은 대학에 갈수록 행복하겠지. 그런데 사실 우리는 영원히 대학생으로 살 수도 없고, 그러길 바라는 사람도 많지 않아. 따지고 보면 우린 결국 이후에 어떻게 살지를 생각한 다음에, 그 삶에 이르는 방법으로서 대학교를 선택하는 거란 말이지.

그런데 자퇴와 재입학을 거듭하며 최대한 질질 끌어봐야 8년밖에 안 되는 대학교 생활을 위해서 이후의 삶을 희생한다는 건 좀 이상하지 않아? 꿈이 먼저고 그다음이 대학인데. 대학은 수단이란 말이지.

아, 물론 이런 점은 고려해야 돼. 우리나라는 여러 역사적인 이유 때문에 국립대인 서울대에 투자가 집중되어서, 서울대의 어떤 과든 전국에서 가장 우수한 교수진과 시설을 갖추고 있는 경우가 많아. 연세대나 고려대처럼 너희들이 많이 들어본 사립대의 경우도 특성화 전략에 성공한 대학교라기보다 전반적인 투자가 많아서 대학의 '순위'를 올리는 데에 성공한 경우고. 그래서 너희들이 꿈을 정하고 나서 그 꿈을 이루는 데에 가장 도움이 될 것 같은 대학교를 고르면, 그 대학교가 영락없이 명문대인 경우가 꽤 있을 거야. 예컨대 너희 중 한 사람이 우리나라 최초로 우주전함을 개발하고 싶다는 꿈을 품고서 찾아봤더니, 이 꿈을 이루기 위한 지식, 스승님과 동료들, 시설을 가장 잘 제공할 수 있는 학교가 서울대학교 기계항공과라든지, 이런 식으로 말이지.

하지만 위의 말을 잘 읽어본 사람은 저게 학벌에 매달리는 행동과 어떻게 차이가 나는지 충분히 알 수 있을 거야. 학벌에 매달리는 건, 마치 영원히 대학생으로 살기라도 할 것처럼 대학의 이름에만 집착해서 자기 꿈까지 포기한다는 걸 의미해. 그러나 너희가 꿈을 먼저 정하고, 그 꿈에 따라 대학교를 정했는데 그 학교가 명문대라면, 그건 그냥 우연히 그렇게 된 것뿐이야. 무슨 말인지 알겠지?

이 나라가 우습게 돌아가서, 너희 꿈을 이루려면 어쩔 수 없이 명문대에 들어가려고 노력해야만 하는 경우가 생길 수도 있어. 하지만 너희들이 일본어 통역사나 훌륭한 배우가 되고 싶다면, 일어일문과나 연극영화과가 있지도 않은 서울대에 가려고 아등바등할 필요는 없다고 생각해. 심지어는 굳이 대학에 가지 않아도 꿈을 이룰 수 있는 경우도 있고.

Special Tip

대학은 너희가 꿈을 이루기 위한 하나의 수단일 뿐이야. 그 수단에 너무 집착해서 꿈을 질식시킬 필요는 없어.

공부 열정, 누구나 가질 수 있는 것

너희들 MBC에서 하는 오락 프로그램 '무한도전' 좋아하냐? 나는 그냥 오다가다 한두 번 봤을 뿐인데, 요즘은 인기가 주춤한 모양이지만 한창 잘나갈 때는 기세가 엄청나더라고. 무진장 재미있었나봐. 거기 등장했던 출연자들은 다른 프로그램에도 많이 나오더라. 내가 하려는 이야기는 거기 나오는 박명수 씨에 대한 거야.

박명수 씨 팬들이 들으면 조금 불쾌할 수도 있는 이야기겠지만 난 박명수 씨를 좋아하고, 이건 그냥 신문 기사에서 읽은 내용이고, 너희들의 눈길을 끌기 위해서 인용한 거니까 너무 화내지 말아줘(부탁이야, 흑흑).

그러니까 그 신문 기사의 내용이 뭐였냐 하면, 박명수 씨처럼 못생긴 개그맨이, 그것도 비호감을 콘셉트로 잡았는데 어떻게 선풍적인 인기를 끌 수 있는지 심리학적으로 분석해놓은 거였어. 요점만 말하자면, 박명수 씨가 비록 못생기고 비호감이지만, 심리학적으로 봤을 때 사람은 자주 보는 것에는 결국 친근감을 느끼고 단점을 잊어버리는 반면, 오래 볼수록 처음에는 압도적인 비호감에 눌려 보지 못했던 새로운 매력을 발견하게 된다는 거야. 그래서 시청자들이 박명수 씨에게 결국 호감을 갖게 된다는 거였지.

내 생각에는 공부도 비슷한 것 같아. 여기서 말하는 공부는 물론 학교 공부와 자격증 공부, 그 자체가 재미있어서 한다기보다는 다른 보상을 위해서 하는 공부를 말하는 거야. 어떤 공부에 매력을 느껴서 그것을 하고 있는 사람에게는 처음부터 그 공부가 호감일 테니까 해당되지 않는 말이지. 그러니 앞으로는 편의상 학교 공부라고 할게. 아무튼 이 점을 염두에 두고 아래 글을 읽어주길 바란다.

사실 처음 봤을 때 학교 공부는 상당히 비호감이야. 공부하는 장소인 교실도 별로 경치가 좋거나 공기가 맑은 것도 아니고, 시는 읽고 감상하기보다 '이 시의 주제 : 민족의 독립에 대한 강한 염원' 같은 걸 외우라고 시키고, 수학 문제는 백날 숫자만 바꿔서 똑같은 걸 풀라고 하질 않나. 역사에서도 매력적인 영웅들과 그들에 대한 이야기는 없어진 채 사건과 연도만 나열되어 있고, 과학도 계산 공식이 정해져 있는 수학의 일부분 같은 느낌이 많이 들어. 물론 훌륭한 선생님들이 재미있게 가르쳐주시는 운 좋은 경우도 있지만, 그런 경우라도 결국 시험을 보고 점수를 받으면 스트레스를 받기 쉽지. 이렇게 밉상인 놈에게서 새로운 매력을 발견하는 것은 결코 쉽지 않을지도 모르지만, 그렇다고 아예 불가능한 건 아니야.

노력은 좀 필요해. 위에서 소개한 '박명수 효과'를 한번 생각해봐. 가장 중요한 건, 이 공부라는 놈에 대한 거부감을 없애기 위해선 일단 이놈과 상당한 시간을 같이 보내야 한다는 거야. 너희가 공부의 필요성을 느꼈다면 억지로라도 공부 놈과 오랜 시간을 보내면서 미운 정을 들이는 거지. 물론 힘들다만 그 노력을 좀 수월하게 하는 방법도 있어. 공부 자체는 아니더라도 공부와 같이 다니는 무언가를 좋아해보는 거야.

내가 가장 추천하는 방법은 선생님을 좋아하는 거야. 선생님을 짝사랑하라는 게 아니라(그것도 나쁘진 않다만), '저 선생님 참 좋은 사람이다.' 정도의 생각, 친해지고 싶다는 생각, 존경하는 마음 약간, 닮고 싶은 마음 조금을 말하는 거지. 많은 사람들이 이 나라 교육계가 미쳐 돌아간다고 하지만, 그래도 아직 학교에 마음에 드는 선생님 한두 분 정도는 있을 거야. 친절하다든지 학생들을 진심으로 생각해준다든지 성실하다든지, 아니면 유달리 너희를 총애하시는 선생님일 수도 있고, '얼짱' 이거나 '몸짱'인 선생님일 수도 있지. 나 같은 경우에는 이렇게 좋아하는 선생님이 생기면 특별히 노력하지 않아도 그 선생님이 가르치는 과목에 일말의 흥미가 생기던데. 나만 그런가?

뭐 어쨌든, 굳이 그 선생님한테 잘 보이기 위해서 해당 과목의 성적을 올리려고 애쓰고 예습 복습까지 해가며 열을 내려고 하지는 마. 시작은 차근차근 하자고. 명심해둬. 제일 중요한 건 수업 시간에 잘 듣는 거야.

너희들이 혹시 좋아하는 사람이 있거나 예전에 누굴 좋아해봤으면 알겠지만 상대방이 하는 말은 다 귀 기울여서 잘 듣게 되고, 대단한 진리나 되는 것처럼 신경이 쓰이지. 그 정도까지는 아니더라도, 사이좋게 잘 지내고 싶은 좋은 친구가 있으면 그 녀석이 뭔가 말할 때 고개를 끄덕여가며 열심히 들어주잖아. 생각해봐. 어떤 녀석이 있는데, 너희가 뭐라고 말할 때마다 제대로 안 듣고 "응? 뭐라고? 다시 말해봐. 잘 못 들었어."라는 소리만 지껄이면 짜증이 치밀 거 아니겠냐. 그건 너희만 그런 게 아니고 상대방도 마찬가지일 거야. 그러니까 친하게 지내고 싶은 사람이 있으면 그 사람 말은 잘 듣잖아.

딱 그 정도로 선생님이 하는 말을 듣는 게 시작이야. 그런데 선생님은 언제 말을 제일 많이 하냐면, 자기가 맡은 과목을 가르칠 때지. 그걸 무슨 공부라고 생각하지 말고, 내가 좋아하는 사람이 하는 말이니까 듣는다고 생각하면서 들어. 그럼 딱히 견디기 괴로울 정도로 그 과목이 싫지는 않을 거야. 고개도 끄덕거리고, 잘 알아듣고 있다는 성의를 보여주기 위해서 필기도 해가면서 듣는 거지. 학교 선생님이 아니라 학원 선생님이나 과외 선생님이어도 괜찮고.

선생님과의 관계에 대해서는 뒤에 또 말할 기회가 있으니까 이만 줄일게. 어쨌거나 중요한 건, 사람이 말을 하니까 듣는다는 심정으로 수업을 들으라는 거야. '난 지금 수업을 듣고 있다!'는 생각을 갖지 말고. 그렇게 듣더라도 계속 잘 듣고 있으면 선생님이 하는 말이 어떤 부분은 재미있다는 느낌이 와. 선생님 군대 얘기, 첫사랑 얘기, 웃긴 얘기, 무서운 얘기가 꼭 아니더라도, 그냥 그 수업과 관련된 내용 자체가 말이지.

잊지 마. 이 단계의 목표는 일단 공부의 비호감을 없애기 위해서 그놈과 같이 지내는 시간을 늘리는 거야. 그런데 혼자 자습하려면 주변에서 정신을 산란하게 만드는 것도 많고 자제력을 발휘해야 해서 더 짜증이 나니까, 기왕이면 수업 시간에 누군가가 공부 놈에 대해 이야기하는 걸 들으라는 거지. 그렇게 수업 시간을 통해 공부와 어느 정도 많은 시간을 보내고 나면, 나름대로 공부라는 놈의 새로운 매력들이 보일 거야. 아마 너희가 찾아낼 매력은 다른 것일지도 모르겠지만, 내가 찾아낸 매력을 말해주면 이래.

첫째, 이게 제일 중요한 건데, 공부라는 놈은 보람을 줘. 여기서 말하는 보람은 별 게 아니고, '내가 그걸 해내다니 진짜 스스로가 기특하다'는 느낌이야. 마치 온라인 게임에서 만렙을 찍은 것과 비슷한 느낌이지. 온라인 게임하고 다른 점은, 온라인 게임은 결국 가상현실이기 때문에, 하고 나서 끄는 순간 '내가 대체 뭘 하고 있었던 거지?'라는 허탈감이 들지만 공부는 어떤 종류든 그렇지 않다는 거야. '와, 내가 이걸 다 풀다니 엄청나군.' 하는 기분이 드는데, 공부는 가상현실이 아니기 때문에 허탈해지지 않아.

이건 내 생각인데, 사람이 살면서 제일 중요한 건 '난 이런저런 단점이 있지만 그래도 썩 괜찮은 놈이다.'라는 자부심인 것 같아. 그런데 공부가 주는 보람이 그걸 채워주지. 문제집을 한 권 다 풀었는데 다 틀렸다? 뭐 괜찮아. 열심히 했다면 스스로 알지. '다 틀리긴 했지만 어쨌든 끝까지 집중해서 다 풀었군. 역시 난 근성 하나는 끝내주는 놈이야.' 라는 생각이 들어. 하기야 공부뿐만 아니라 뭔가 힘들고 가치 있는 일은 다 그렇겠다만. 운동해서 몸을 만드는 일도 그렇겠고, 책 쓰는 일도 그래. 아무튼 공부도 그런 성취감과 보람을 줄 수 있는 놈들 중 하나라는 거지.

둘째, 책을 보는 형식의 공부에 대해서만 말하자면, 공부란 혼자 놀기에 꽤 좋은 방법이야. 물론 게임도 있고 영화 감상도 있고 만화책 보기도 있고 혼자 운동하기도 있고, 취미생활로 즐길 건 아주 많지. 근데 공부라는 놈도 그중 하나가 될 수 있어. 책 읽으면서 책과 대화하는 방법을 쓰면 꽤 재미있지. 예컨대 역사 공부를 하면, 역사책에 나오는 인물들한테 "이런 찌질한 놈!", "오오, 제법인데!" 같은 코멘트를 달아주면서 공부할 수가 있지. 아니면 같은 사건을 보더라도 교과서를 쓴 사람과 너희 생각이 다르면, "내 생각은 좀 다른데."라고 하면서 옆에 어떻게 다른지 적어놔도 되고. 문제집은 낙서해도 별로 안 아까우니까 말이지.

이 취미생활의 좋은 점은 부모님들이 아무런 방해도 하지 않으신다는 것이 첫째고, 친구들이 모두 바쁠 때 혼자서도 얼마든지 놀 수 있다는 게 둘째고, 돈이 안 든다는 게 셋째지. 나름 괜찮은 취미생활이야.

중요한 건, 공부를 즐기려면 공부만 생각해야 된다는 거야. 공부를 통해서 무언가 다른 결과를 얻으려는 생각을 하는 순간, 공부는 일이 되고 재미가 없어져. 게임도 마찬가지일걸? 그냥 즐기려고 할 때는 재미있지만, 캐릭터를 키워서 팔아 돈 벌 생각을 하면 왠지 귀찮고 계속하기 짜증 나지. 그러니까 적어도 공부를 하는 그 순간만큼은 오직 공부가 재미있어서 공부 자체를 위해서 공부한다고 생각해봐. 하기 싫은 걸 억지로 한다는 압박감이 없어야 한다는 게 중요해.

우리 어머니가 그러시는데, 이런 말이 있대. 머리 좋은 놈은 노력하는 놈을 못 따라가고, 노력하는 놈은 즐기는 놈을 못 따라간다고. 공부가 비록 처음에는 비호감이지만 나름대로 오래 두고 보면 안에 이런저런 장점도 있고 예쁜 구석도 있는 놈이야. 그 녀석에게 처음부터 너무 매몰차게 굴지 말고, 예쁜 구석을 찾을 마음으로 슬슬 즐겨봐. 그게 열정이지 뭐, 별 거 있나.

최고의 공부 열정은 공부를 즐기는 거야. 너희들 나름대로 공부의 매력을 찾고 녀석하고 좀 놀아줘. 공부의 첫 인상이 너무 비호감이라 도무지 같이 있기 싫다면, 공부와 관련된 사람이나 다른 일을 통해서 공부와 같이 보내는 시간을 늘리는 것부터 시작해. 그러면 놈의 거부감이 조금 중화되고 새로운 매력이 보일 거야.

어떤 상황이 오더라도 용기를 잃지 마

흠. 지금까지 써놓은 이야기를 죽 다시 한 번 읽어봤어. 그랬더니 너희들한테 가혹하게 들릴지도 모른다는 생각이 들더라고. 으음. 쓸 때는 나름대로 가볍게 쓰려고 한 것 같은데, 나도 요즘 스트레스를 많이 받다 보니 그렇게 됐나봐.

사실 너희들은 지금도 이미 엄청나게 많은 노력을 하고 있을 텐데 말이야. 아마 위기의 20대, 집안에서 빈둥거리는 대학생인 나보다는 몇십 배나 더 열심히 살고 있겠지. 그런 내가 너희들에게 "더 노력해라!"라고 하면, 목표를 명확히 설정하고 앞을 향해 뛰라고 하면, 정말 우스꽝스러운 일일지도 몰라. 게다가 뭘 하든 공부는 필요하다고 하질 않나, 대학에 가는 것이 꿈을 이루는 데에 중요할 수 있고, 우리나라의 경우는 특히나 명문대를 가는 것이 유리할 수 있다는 말까지 했으니 말이야.

언제까지나 공상 속에서 다 잘되겠거니 하고 살 수는 없다고 생각해서 내 나름대로 느낀 현실에 대해 말한 것이지만, 너희들은 참 고리타분하고 배려 없는 말로 느꼈을지도 모르겠어. 나라도 고3 때 누가 저런 소리를 했으면 '뭔 헛소린가.' 이랬을 것 같기도 하고.

꼭 그래서는 아니지만, 이 말을 꼭 하고 싶어졌다. 힘내라, 아우들아. 하지만 힘내지 않아도 괜찮아.

사람이 살다 보면 정말 어쩔 수 없이 좌절하는 시기가 와. 그러지 않을 수 있다면 그건 사람이 아니라 신이겠지. 이걸 잘하는 사람은 저걸 못하고, 저걸 잘하는 사람은 이걸 못하고, 이것저것 능력이 뛰어나지만 이상할 정도로 운이 없는 사람도 있고, 운은 좋은데 자기 능력이 안 되는 걸 스스로 알고 있어서 마음이 불편한 사람도 있어. 정말 온갖 노력을 다 기울였는데 실패하기도 하지.

《연금술사》라는 소설을 쓴 파울로 코엘료라는 작가가 있어. 내가 아주 좋아하는 작가이기도 한데, 그 책에 이런 말이 나와. 사람이 정말 무언가를 간절히 바라면, 온 우주가 그 사람을 도와준다고. 고3 때 그 책을 읽었는데, 난 처음엔 그 말을 듣고 희망을 느꼈다가 나중에는 작가가 거짓말쟁이라면서 저주했어.

내가 진짜 좋아했던 애가 있었거든. 주변 사람들이 다 나보고 엄청나다고 할 정도로 난 내가 할 수 있는 모든 노력을 다 해서 걔를 좋아했지. 하지만 자세히 얘기하자면 너무 기니까 생략하고, 만일 너희들이 나중에 술을 마실 수 있는 나이가 되어서 혹시 이 이야기를 기억하고 있으면 내가 술 한 잔 사면서 이야기해줄게. 사이버 시대이고 내 이름은 흔하지도 않으니까 연락하고자 하면 금방 날 찾을 수 있을 거야. 하하.

뭐 어쨌든, 그런데 결국 난 실패했거든. 정말 처참한 기분이었어. 나란 인간 자체가 반 푼 어치의 가치도 없는 것처럼 느껴졌고, 내 주위엔 나를 이해해주는 사람이 단 한 명도 없다고 생각했어. 내가 대체 뭘 그렇게 잘못했는지 모르겠어서 억울해하다가, 생각해보면 모든 게 다 내 잘못인 것 같아서 한없이 우울해지곤 했지. 이렇게 쓸모없는 인간으로 산다면 공기나 축내고 환경이나 오염시키지 싶었어. 진짜 힙합 노래

가사처럼 나란 인간이 똥 만드는 기계밖에 더 되나 하는 생각이 들더라고. 그러느니 차라리 죽는 게 낫지 않을까 하는 생각도 여러 번 했고. 정말 구체적인 계획도 세웠지. 어떻게 하면 가장 확실하게 죽을까 하면서. 학교 옥상에도 몇 번이나 올라갔고, 집에서도 가족들이 다 잠들었을 때 베란다 문을 열고 밖을 내다보곤 했어. 그럴 때마다 운 좋게도 누군가가 날 발견하지 않았으면 난 진짜 죽었을지도 몰라. 흑흑.

　　근데 지금 생각해보면 정말 우스운 일이야. 아마 너희들 중 성격이 까칠하거나 나보다 훨씬 스트레스를 많이 받는 애들은 이미 입가에 비웃음을 머금고 있을지도 몰라. 세상에 뭐 하나 부족할 거 없이 사지 멀쩡하게 태어나서, 부모님 뻔히 살아 계시고, 친구가 없는 것도 아니고, 성적이 나쁜 것도 아니고, 집단적으로 따돌리는 애들이 있는 것도 아닌데, 단지 그깟 실연 한 번 당했다고 죽느니 마느니 했다니 말이야. 지금 생각하면 정말이지 나도 부끄럽다. 하하.

　　그런데 저때는 또 나름대로 저럴 수밖에 없었거든. 아무도 나한테 괜찮다고 얘기해주지 않았어. 내가 괜찮은 사람이라고 말해주는 사람도 없었고, 죄책감을 느끼거나 쓸모없다는 느낌에 사로잡히지 않아도 좋다고 말해주는 사람도 없었지.

다들 나한테 "너는 고등학교 3학년이니까 다른 모든 걸 잊고 공부에 정진해야 한다."라고만 했어. 또 그게 말이 되기도 했고 말이야. 나름대로 일생일대의 중요한 첫 시험을 앞두고 있는 친구들을 붙잡고 매번 속 끓이는 얘기나 하고 있을 수도 없고. 다들 건성으로 힘내라는 소리만 하고, 난 그 얘기가 정말 듣기 싫었어. 누구는 힘내기 싫어서 넋 놓고 앉아 있나? 잘 안 되니까 그렇지.

근데 있잖아, 사실 그렇게 힘내지 않아도 괜찮아. 그냥 밥 먹고, 숨 쉬고, 아무 생각 없이 시간을 보내는 것도 나쁘지 않거든. 니체라는 사람이 이런 말을 했어. '모든 고통은 그 사람을 죽이지 않는 한 그 사람을 더욱 강하게 만들 뿐'이라고.

너희들이 어떨 때 좌절감을 느낄지는 잘 모르겠어. 난 너희 얼굴도 본 적이 없으니까 말이지.

대충 상상해서 써보면, 너희들은 아마 나처럼 실연을 당할 수도 있고, 가정불화가 있을 수도 있고, 입시 실패 때문에 힘들 수도 있고, 좌절을 겪지 않는 게 가장 좋겠지만 좌절하는 경우가 있을 수도 있겠지. 그래서 숨이 턱턱 막히고 앞이 깜깜할 때가 오면, 그럴 때는 굳이 힘내려고 애쓰지 마. 그렇게 힘이 들 때면, 내가 위에서 힘내라고, 목표 의식을 갖고 정진하라고 했던 말은 그냥 다 헛소리라고 생각하고 무시해도 돼. 그냥 죽지만 않으면 된다는 생각으로, 멍하니 조금 시간을 보내봐. 힘내지 않아도 괜찮아, 정말이야.

그러면 어느 순간, '어? 내가 아직도 살아 있네?'라는 생각이 들면서, 그것 자체로 나 자신이 기특하게 여겨질 때가 올 거야. 어느 날 갑자기, 그냥 날씨가 좋아서 기분이 좋아질 때가 온다고. 갑자기 어느 순간 개그 프로그램이 다시 재밌게 보이고, 친구들이 하는 농담에 쓴웃음이 아니라 진짜 웃음을 지을 수 있게 돼. 남들을 비꼬지 않고도 즐거울 수 있게 돼. 뭔가 해보고 싶어지는 순간이 와. 이건 내가 겪어보고 하는 말이니까 믿어도 좋아.

우리나라 사람들 중 45% 정도가 자살을 생각한대. 얼마 전에는 유명 연예인들이 잇달아 자살해서 충격을 줬고, 입시철만 되면 나보다 더 어린, 아직 사회에 나와보지도 않은 친구들이 옥상에서 뛰어내려. 옛날 전래동화에서 매년 괴물 지네한테 처녀를 바쳤다는데, 이건 뭐 그것도 아닌데 항상 좌절한 학생들이 수능 날마다 제물처럼 목숨을 잃어.

그러지 않았으면 좋겠다. 사회를 생각하고, 꿈을 생각하고, 미래를 생각하면서 목표를 세우는 게 좋다고 위에서 실컷 써났지만, 그게 단지 너희들에게 스트레스일 뿐이라면 깡그리 무시해버려. 정의고 목표 의식이고 성실함이고, 아무것도 생각하지 않아도 좋아.

대신 이거 하나만 기억해두라고. 그런 걸 생각하는 이유는 결국 행복하게 살기 위해서야. 그리고 행복하게 살기 위한 최소한의 조건이 뭔 줄 아냐? 간단해. '사는' 거지.

미래는 아직 오지 않았으니까 미리부터 걱정하지 마. 과거는 이미 지나가버려서 어차피 바꿀 수 없으니까 걱정하지 말고.

숨만 쉬고 있으면 미래는 와.

의욕이 넘칠 때는 목표 의식을 세우고 이것저것 하면서 더 활기차게 사는 게 좋겠지만, 힘이 들어서 죽겠을 때조차 미래, 미래 하다가 "역시 난 쓸모없어." 하고 완전히 다운될 필요는 없어. 이것 하나만 기억해두라고. 결국 최고의 목표 의식은 '행복한 삶'이라는 걸.

열심히 힘내서 사는 것도 좋아. 그렇게 살고 싶은 마음이 들고 그럴 만한 여유가 있을 때는 위의 여러 장들에서 한 말이 도움이 될 거야. 하지만 힘들고 지칠 때조차 그 모든 일을 생각하면서 기진맥진할 필요는 없어. 그럴 땐 힘내지 않아도 괜찮아. 주변 사람들한테 기대도 좋고. 정 힘들면, 나한테라도 꼭 연락하라고.

part 2

자신과 주변을 관찰해야 인생을
잘 설계할 수 있어

가장 먼저 알아야 할 건 '자신'이야

자, 제군. 다시 우리의 항해를 시작해보자고. 하하.

앞에서 좋아하는 일이나 잘하는 일이 무엇인지 한번 생각해보라고 했지? 그러니까 미래의 너희 모습을 그릴 때 말이야.

근데 잘 생각해보면, 그건 단지 미래의 계획을 세우기 위한 일일 뿐만 아니라 너희 자신을 알기 위한 한 과정이라고 볼 수 있어. 뭐, 여기저기에서 많이 들리는 이야기이긴 하다만, 나도 한 번 더 할게.

너희들 자신에 대해서 아는 건 굉장히 중요한 일이야.

또 내 친구 이야기를 하자면, 한 녀석이 여태까지 잘 살더니 갑자기 뒤늦게 사춘기를 맞았어. 멀쩡히 공대를 잘 다니다가, 갑자기 자기는 그냥 이런저런 분위기에 휩쓸려서 공대에 온 거지, 사실 이게 적성이 아닌 것 같다는 거야. 경제나 역사 같은 문과 과목에 오히려 더 흥미가 많은 거 같기도 하다고. 그래서 그 녀석이 혼자 한두 달쯤 우울해하더니 얼마 전부터 주변 사람들하고 상담하고 적극적으로 해결 방법을 찾아보더라고. 그리고 드디어 결론을 내렸지. 자기가 가보지 않은 다른 길을 평생 가보지 않으면 언제나 후회가 남을 거라는 거야. 그래서 일단 1년 정도 기간을 가지면서 다른 과의 수업도 들어보고 스스로 이것저것 탐색을 해보겠다고 하더라. 그러기 위해서 좀 늦은 나이지만 이번 겨울에 군 입대를 하겠대. 원래 생각했던 대로 공대의 진로를 계속 이어나가려면 군대 대신 방위 산업체에 입사해도 됐기 때문에 군 문제를 크게 신경 쓰지 않아도 되는 친구였거든. 그런데도 이 방법을 택한 건, 너희들에겐 어찌 보일지 모르지만, 글쎄. 나한테는 아주 괜찮은 방법 같았어. 그 친구가 22살에 사업에 관심이 있다는 걸 깨닫고 그 방면으로 진출해서 큰 성공을 거둔 어떤 대학생 이야기를 해주었는데, 그러면서 친구가 한 말이 참 설득력 있었거든. 자기가 무얼 잘하는지, 무엇에 흥미가 있는지 일단 알아야 노력을 하고 성과를 거두고 만족하기도 그만큼 쉽다는 거야.

물론 유명한 바이올리니스트 바네사 메이 같은 사람도 있어. 이 사람은 불과 8살에 "내 인생을 바이올린과 함께 만들어나가고 싶어요."라고 말했다고 해. 좀 많이 빠르긴 했다만, 여하튼 자기가 원하는 것과 자신에 대해 잘 알고 있었으니까 그만큼 좋은 연주자가 될 수 있었던 거 아닐까?

물론 이런 걸 아는 게 쉽지는 않아. 그러니 내 친구도 그걸 알기 위해서 1년이라는 시간을 투자하기로 결정한 거겠지. 내 친구 같은 경우는 여러 과의 수업을 청강해보는 방법을 선택했는데, 너희도 대학교에 온 다음에는 그렇게 할 수도 있을 거고, 그 외에도 여러 가지 방법이 많아. 그중 몇 가지만 추천해줄게. 나는 별로 고민이 없었던 편이라 내 생각이 크게 도움이 될지는 모르겠지만 한번쯤 읽어볼 만한 가치는 있을 거야.

내 생각엔 신문을 보는 게 꽤 큰 도움이 돼. 신문에는 별별 사람들이 다 나오고, 이 사람들이 어떤 직업을 가졌는지가 소개되거든. 인터뷰 기사라도 실리면, 그 사람들이 자기 직업에 대해서 어떻게 느끼고, 그 직업을 통해 어떤 일을 해왔는지 등등, 좀더 자세한 내용을 알 수 있지. 그런 기사를 읽다 보면, '아, 이건 참 재미있겠다.' 하는 생각이 들 때가 있을 거야. 그러면 해당 직업에 대해서 깊이 있게 생각해보고, 그걸 목표로 잡을 수도 있지.

예를 들어서, 내가 오늘 본 신문에는 '대안 무역'이라는 일을 하는 사람들이 소개되어 있더라고. 나도 그게 뭔지 잘 몰랐는데, 기사를 읽어보니까 가난한 나라하고 무역을 할 때, 그 나라 사람들이 제 돈을 받을 수 있도록 해주고, 우리는 도덕적이고 안전한 물건을 살 수 있도록 도와주는 일이래. 이런 직업은 아직 많이 알려지지 않았으니까 너희들이 막연히 장래희망을 정할 때는 떠오르지 않겠지. 하지만 신문을 통해서 이런 직업의 존재를 알게 되면, '근사한 일이군!' 이라고 생각해볼 수 있잖아. 너희들 안에 숨어 있는, 너희 자신도 몰랐던 흥미를 발견하게 되는 거지.

한편으로는 전문가들의 도움을 받는 방법도 있어. 그리고 이 좋은 사이버 시대에 전문가들은 그렇게 멀리 있지 않거든. 인터넷에 '청소년 적성검사' 같은 내용으로 검색을 하면 여러 개의 인터넷 사이트가 뜨는데, 그런 데에 들어가면 공짜로 적성검사 테스트를 받을 수가 있어. 나라에서 돈을 내주는 건가봐. 공짜인데도 꽤 쓸만하더라고.

물론 그 적성검사 결과대로 반드시 따라갈 필요는 없어. 나한테는 농부를 해보라던데, 난 농사일에 별로 관심이 없거든. 그런 걸 보면 꼭 100% 맞는 테스트는 아닌 것 같아. 아무튼 참고로 삼아볼 수는 있을 거야.

이 방법이 무엇보다 좋은 건 너희들한테 아주 여러 가지 질문을 던진다는 거야. 대체로 질문들이 뭘 할 때 가장 행복하냐, 뭘 좋아하냐, 뭘 잘하냐, 이런 것들인데, 성실히 대답하다 보면 저절로 자신에 대해서 생각해볼 수 있어. 문항도 많으니까 아주 세부적으로 생각해볼 수 있지. 대체 어디부터 생각해야 내가 좋아하는 게 뭔지 알 수 있는지 모르겠다는 사람들, 또는 주변에 마땅히 상담할 만한 사람이 없는 사람들한테는 아주 좋은 방법이 될 거야.

흠, 글쎄. 다른 방법에 또 뭐가 있으려나. 뭐, 내 친구가 자기 나름의 방법을 찾았듯이, 너희 스스로 생각해봐도 좋은 결론을 끌어낼 수 있을 거야. 내가 좋아하는 게 뭔지 나열해보고, 내가 뭘 잘하는지 나열해보고, 그중에 특히 좋아하는 것들만 남기고 지워나간다든지 하는 방식으로.

어쩌다 보니 엄청나게 구체적인 방법을 제시했군. 하지만 뭐, 핵심은 전에 이야기했던 것과 같아. 너희들 자신이 누구인지 파악하라는 것. 너희들이 언제 행복한지 알아야 행복하게 사는 방법을 알 거 아니겠어? 다만, 그 방법이 막막하다면

신문을 보거나 자기 자신에게 질문을 던져본다거나 적성검사

를 해보는 등 여러 가지 수단을 활용해볼 수 있다는 얘기야.

Special Tip

미래를 설계하고 싶은데 대체 어디부터
시작해야 할지 모르겠다면, 일단 구체적인 질문
을 자신한테 던져봐. 내가 대체 어떤 사람인지,
어떤 질문을 던져야 할지조차 모르겠다면, 신문
을 보거나 적성검사를 이용하는 것도 한 가지
방법이 될 수 있어.

부모님과 대화하는 법을 배워

어때, 자신을 관찰할 생각이 좀 들었어?

하지만 거기서 끝이 아니야. 너희가 돌아봐야 할 사람은 너희 자신만이 아니거든. 왜냐하면 비록 자신이 제일 소중하긴 해도, 인생은 결코 혼자 살 수 없기 때문이지. 지금 당장 내 옆에 있는 사람은 시간이나 장소에 따라서 계속 변할지도 몰라. 지금은 부모님이 옆에 있지만 나중에는 배우자나 자식이 있을지도 모르지.

그래도 어쨌든, 너희가 무인도 탐험가나 은둔 수도승이 되지 않는 한, 결국 누군가는 너희와 함께 살아갈 거야. 그러니까 그 사람들을 무시하고 계획을 세우면 그 계획은 '틀린' 거야. 좋고 나쁘고를 떠나서, 이럴 수도 있고 저럴 수도 있는 문제가 아니라, 말 그대로 틀려.

이렇게 한번 생각해봐. 지금 교육과학기술부 장관이 교육정책을 새로 세우면서, 우리나라 고등학생들은 공부를 아무리 많이 해도 스트레스를 받지 않는다고 가정해서, 너희들에 대해서 잘못된 추측을 하고 거기에 맞춰서 교육정책을 세운다면 그 정책은 그냥 '나쁜' 게 아니고 말 그대로 '틀린' 거잖아. 전제 자체가 틀렸으니까.

마찬가지야. 우리의 목표를 좀더 정확하고 '맞는' 것으로 만들자면 이런저런 요소들을 모두 고려해야 하고, 그 요소들 중에는 주변 사람들도 당연히 포함돼. 아마 너희들과 많은 관계를 맺고 있고, 많은 시간을 함께 보내는 사람일수록 더 중요한 요소가 될 거야. 그중에서도 가족, 특히 부모님이 바로 그런 사람 중 한 명이 될 수 있어.

내 생각에 제일 중요한 건, 부모님을 평등한 인간이라고 생각하는 거야. 지금 와서 되돌아보니 떠오르는 생각이지만, 지금보다 어렸을 때 내 태도를 보면 부모님은 강자고 난 약자라고 생각했던 것 같아. 단순히 이렇게만 말하기에는 훨씬 복잡

했지만, 간단히 말하자면 그렇다는 거야.

왜냐하면 부모님은 내가 어떤 일을 했을 때 그 일에 대해서 칭찬을 하시기도 하고 꾸중을 하시기도 하는데, 칭찬을 듣느냐 꾸중을 듣느냐에 따라서 내 기분이나 다른 모든 것들이 엄청나게 달라졌으니까 말이지. 즉, 부모님은 나한테 절대적인 힘을 행사하는 존재였다고. 더 어렸을 때는 아마 더 그랬겠지? 갓난아기 때는 부모님 곁에서 조금만 떨어져 있어도 위험하니까.

혹시 "엄마가 도대체 뭔데 그래? 왜 이래라 저래라 해, 아무것도 모르면서?"라고 대들었던 적이 있거나, 대들지는 않았어도 속으로 그런 생각을 해본 적이 있냐? 부끄럽게도 난 그런 적이 있어.

그때는 몰랐는데, 지금 와서 생각해보면 그 말의 뒤에 부모님은 나보다 강하니까 내가 멋대로 떼를 써도 된다는 생각을 했던 것 같아. 부모님의 간섭이 짜증 났던 이유는 간섭 자체가 성가셨기 때문이기도 하지만, 부모님이 부당한 명령을 하면서 내게 권력을 행사해 강제로 복종시키려고 한다는 생각이 들어서 더 그랬던 것 같거든. 억울하니까.

그런데 지금 와서 생각해보니까 사실은 그렇지 않더라고.

잘 생각해보면 부모님은 우리보다 강한 존재가 아니야. 우리에게 '부당한 권력'을 행사할 수 없어. 물론 우리는 부모님 덕에 먹고살고 학교도 다니지. 막말로 부모님이 집에서 우리를 쫓아냈을 때, 맨손으로 밖에 나가서 보란 듯이 바로 잘 먹고살 수 있는 사람이 몇 명이나 되겠어?

하지만 솔직히 말하면 우리는 저런 경우를 두려워할 필요가 거의 없어. 왜냐하면 우리가 부모님 덕에 먹고사는 것만큼이나 부모님들은 우리한테 약점이 잡혀 있거든.

이런 말이 있어. "세상을 지배하는 것은 남자요, 남자를 지배하는 것은 여자다." 남자들은 또 거꾸로 "여자를 지배하는 것은 남자다."라고 생각할지도 몰라. 뭐, 그야 어쨌든. 연애든 짝사랑이든 해본 친구라면 이 말을 이해하기가 아주 편할 거야.

누군가를 너무너무 좋아하다 보면, 이성적으로 생각했을 때 내가 그 사람의 말을 들어줄 필요가 전혀 없는데도, 말하는 사람이 '내가 좋아하는 사람'이기 때문에 그 말에 따라주는 경우가 생겨. '이렇게 황당한 요구를 들어주다니 난 머저리야.' 또는 '저 자식이 나한테 어떻게 했는데, 그런데도 좋다니 난 미쳤나봐.'라는 생각이 들 때조차 말이지.

계산적으로만 따져보자. 사랑에 빠진 사람은 머저리가 맞

아. 좀 정신이 나간 게 맞지. 자기한테 이익이 되는 대로 판단할 수 없는 상태가 되어버린 거니까.

부모님의 약점이 바로 그거야. 개 한 마리를 키워도 몇 년이 지나면 정이 드는 게 사람인데, 다른 걸 다 떠나서라도 우리는 부모님하고 십몇 년(그래, 나는 이십몇 년)을 같이 살았잖아. 최소한 우리가 사랑하는 만큼은 부모님이 우리를 사랑하신다고 봐야 맞겠지. 부모님이 냉혈한이 아닌 다음에야.

게다가 부모님의 사랑에는 플러스 알파 요인도 있어. 길거리를 지나 다니다가 유모차에 앉은 아기를 본 적이 있을 거야. 그러면 티는 안 내더라도 귀엽다고 생각하지 않냐? 그 꼬맹이가 방긋 웃기라도 하면 더욱 말이야. 저절로 웃게 되는 경우가 많아. 그래서 말인데, 사람한테는 어린애들을 사랑하는 본능 같은 게 있는 것 같아. 그런데 부모님은 너희가 어렸을 때의 모습과 그때 너희들에게 느꼈던 감정을 기억하고 계실 거야. 여기서 부모님의 사랑에 플러스 1점.

또 하나, 우리들은 '내가 부모님을 고르고 여기 태어나고 싶어서 태어난 건 아닌데.'라고 생각할 수도 있지만, 부모님은 아니라는 거지. 왜냐하면 부모님은 적어도, 뭐 로미오와 줄리엣처럼 치명적이고 역사에 남을 만한 사랑을 한 건 아니라 할지라도, 사랑하는 여자, 또는 남자와 결혼해서 우리를 낳으셨단 말이야. '난 애를 낳겠어.'라고 슈퍼에 가서 물건 고르듯이 우리를 낳은 것은 아니지만, 우리가 그분들에게는 애정의 결과물로 느껴지지 않을까? 그럼 아마 더 소중해 보일 텐데, 이건 우리한테는 없는 감정이지. 그러니까 또 플러스 1점.

원래 부모님의 사랑은 자식이 따라갈 수 없다고 하지? 난 부모님과 마음이 안 맞거나 혼났을 때마다 그 말이 유독 싫었는데, 이렇게 생각해보니까 맞는 말 같아.

그러니까 요점은, 부모님은 우리보다 전혀 강자가 아니라는 거지. 우리가 공격하면 부모님은 강해 보이지만 상처를 입어. 부모님의 사랑이 우리 사랑보다 더 크다면, 우리가 "난 엄마 아빠 싫어요. 다 필요 없어!"라고 말할 때 부모님이 느끼는 상실감은 부모님이 나를 사랑하지 않는다고 생각할 때 우리가 느끼는 상실감보다 아마 훨씬 더 클 거야. 그분들이 우리보다 오래 살아서 쌓은 경험치와 능력을 모조리 소진시킬 정도로, 이 약점은 중대한 것이지.

그러니까 부모님이 간섭하는 건, 논리적으로 '부당한 권력의 부당한 압제'가 될 수 없어. 우리보다 세지 않으니까 말이지. 그러니까 날을 세우고 부모님에게 모든 감정을 폭발시킨다거나, 부모님은 어른이니까 다 이해할 거라고 막연히 기대하면서 막 나가버리면 돌이킬 수 없는 상처를 입히게 될 거야. 너무 비열하고 잔인한 일 아니겠냐? 상대방의 약점을 잡아서 콱콱 쑤셔대는 짓 말이야. 더군다나 그 약점이 우리에 대한 '사랑'이라면. (이 모든 말이 잘 이해가 안 되는 사람은 연애를 한번 해봐. 하하.)

일단 이 점을 염두에 둬. 그런 뒤에 부모님과 이야기를 하다 보면, 부모님이 나한테 계속 잔소리를 하거나 짜증을 내시더라도 훨씬 이성적으로 대처할 수 있을 거야(이렇게 말하는 나도 가끔 기분이 나쁠 때면 대드는 성질을 아직도 완전히 없애지 못했지만, 정도가 훨씬 나아진다는 말이야).

부모님과 영영 안 보고 살 게 아니라면, 그분들의 약점을 공격해서 치명상을 입히지 마. 대신 그 무기를 잘 이용해. "엄마가 날 걱정해서 그러시는 건 알겠는데, 난 그렇게 살면 행복하지 않아요."라고 말해. 매우 낯간지럽지만 아예 못할 말도 아니고, 익숙해지면 할 만해. 서로 기분 나쁠 일도 없고, '나의 행복'을 주제로 부모님과 이야기하다 보면 전혀 생각지 못했던 도움을 받을 수도 있지. 왜냐하면 그분들은 이 험난한 세상을 우리보다 몇십 년이나 더 살아오셨기 때문에, 우리가 모르는 걸 많이 알고 계시거든. 가장 간단하게는 음식조리법이나 상갓집 예절, 당구 실력, 화초에 물 주는 시기, 물건 보는 안목에서부터 사람들과 관계를 맺는 방법이라든지 안전하게 계약하고 거래하는 방법, 사람 보는 눈, 설득의 기술, 가정을 운영하는 능력 같은, 보다 복잡한 일들에 이르기까지 말이지.

어른들이 경험적으로 알아낸 것들이 위력을 발휘하는 경우는 굉장히 많아. 난 애를 써도 아직 초년생 티가 많이 나는 일들을 어른들은 별 신경도 안 쓰고 휙휙 해내지. 우리 어머니가 항상 말씀하시지만 어른들 말을 들으면 자다가도 떡이 생긴다는 말이 있다지. 어느 정도는 맞는 말 같아.

물론 그렇다고 해도 부모님 말씀이 항상 맞다는 건 아니지만.

나도 아직은 실패하더라도 내 갈 길을 가보고 싶어. 나중에 가서 '부모님 말씀대로 할걸.' 하는 후회가 든 적도 있지만, 내가 결정한 대로 밀어붙여서 성공했던 경험도 꽤 있으니까. 그리고 부모님 말씀대로 해서 성공하더라도 내 판단대로 했을 때의 실패만큼 값질 것 같지 않아. 그런 말이 있잖아. 해도 후회하고 안 해도 후회하는 일이 있다면, 하고 후회하라고. 저지르고 나서 하는 후회는 과거를 반성하고 미래를 바라보게 하지만, 일을 벌이지 못해서 하는 후회는 미련만 남겨서 자꾸 뒤를 보게 하니까 말이지. 난 아직 젊으니까 이 말을 믿어. 음핫핫!

　잠깐 삼천포로 빠졌는데, 어쨌든 중요한 내용은 이거야. 부모님은 절대자가 아니고, 생각만큼 강하지 않고, 그분들의 가장 큰 약점은 우리에 대한 사랑이라는 것 말이지. 그러니까 부모님을 상대로 이야기를 하고 설득하려면, 부모님을 파멸시키는 게 목적이 아닌 이상, 괜히 성질을 죽이지 못해서 치명상을 입히고 관계를 악화시키는 멍청한 짓을 하지 말고, 부모님의 너희에 대한 사랑을 자극하면서 애정 어린 주장을 펼치란 말이지.

　그러면 아마 부모님도 부모님에 대한 너희의 사랑을 무기로 삼아서, "네가 그렇게 행동하면 엄마가 마음이 아프잖아."라는 식으로 좀더 솔직한 이야기를 하시겠지. 뭐, 너희들의 주장이 관철되지 않더라도 어쨌든 가족 간의 사랑이 확인되니까 밑져야 본전이야. 게다가 이렇게 이야기를 주고받다 보면, 부모님이 '엄마'나 '아빠'가 아니라 한 인간으로 보일 때가 올 거야.

　혹시 아버지가 비록 나한테는 아버지지만, 할아버지한테는 아들이라는 생각 자주 해? 엄마는 외할머니의 딸이고?

난 그런 생각을 할 때마다 아직도 생소한 기분이 들어. 부모님과 꽤 대화를 많이 하는 편이라고 생각하는데도 말이지. 어쨌든 이렇게 부모님도 우리와 같은 인간이라는 걸 깨닫게 되면, 부모님의 단점에 대해서도 너그러워져. 우리가 함부로 대하지 않는 친구들은 뭐, 다들 성인군자라 우리가 그런 배려를 베푸는 건가? 그렇지 않잖아.

친구를 대할 때처럼, 부모님도 장점이 있으면 취하고 단점이 있으면 그냥 보아 넘기거나, 기회를 봐서 기분 나쁘시지 않게 말해볼 수도 있는 거야. 이렇게 사고방식을 전환한 결과, 지금의 나는 사람 대 사람으로서 우리 부모님들을 많이 좋아해. 완벽하지는 않지만, 참 좋은 사람들이야.

게다가 이렇게 해서 부모님과 대화하는 스킬을 쌓으면, 다른 어른들과 이야기할 때도 이걸 잘 적용할 수 있어. 그러면 우리보다 먼저 살았던 사람들의 인생을 참고삼아서, 우리 자신의 미래 계획을 보다 구체적이고 현실적으로 그려내는 데에도 엄청나게 큰 도움이 되지.

그리고 그게 목적이 아니더라도 어쨌거나 사랑과 평화와 대화는 그 자체만으로도 좋은 거야. 부모님하고 사이좋게 지내고 싶잖아? 안 그래? 난 그래. Love and peace, dudes.

Special Tip

너희가 약점을 쥐고 있기 때문에 부모님은 너희에게 부당한 권력을 강제로 행사할 수 없어. 사람 대 사람으로, 같이 살 용의가 있는 인간으로, 친절하고 합리적인 대화를 해봐. 게다가 부모님은 비록 완벽하지는 못하더라도 어떤 측면에선 우리보다 훨씬 지혜로워. 가끔 너무 꽉 막혀 보이더라도 말이야. 어떤 친구가 이런 면에서는 나보다 낫고, 저런 면에서는 나보다 못하듯이.

선생님도 '한 사람'이라는 걸 기억해

앞 장의 연장이 될 것 같긴 하지만, 그래도 선생님하고 부모님은 다르니까 약간 다른 맥락에서 이야기해볼게.

어떻게 들을지 모르겠지만, 사실 학원 선생님이든 학교 선생님이든 너희들이 만나는 모든 선생님들이 다 너희를 부모님처럼 사랑하지는 않아. 뭐, 우리나라 학교에는 교육자된 사명감으로 불타는 훌륭한 선생님들만 계신다는 주장을 누가 할지도 모르겠다.

하지만 너희들도 사실 그렇지 않다는 걸 알고 있을 거야.

난 TV에 가끔 나오는 폭력 교사라든지 제자를 성추행한 돼먹지 못한 인간들에 대해서 말하는 게 아니야. 너희 주위에 그런 교사들이 가면을 쓰고 숨어 있을지도 모르니 주의 깊게 관찰하라는 소리도 절대 아니야. 그런 사람들은 아주 적어. TV에 자꾸 그런 사람들이 나오다 보니까 모든 교사들이 다 그런 것처럼 완전히 신뢰가 땅바닥으로 추락하고 있지만, 그건 좀 과장된 공포야.

내가 여기에서 말하는 선생님들은 평균적인 도덕과 학생에 대한 사랑을 지닌 선생님들이야. 그 선생님들 같은 경우에도, 부모님처럼 너희들 모두를 공평하게 사랑할 수는 없어. 오랫동안 수십, 수백 명의 학생들을 계속 보다 보면 어느 정도 타성이 생긴단 말이지. 타성이 생긴다는 말은, 정신적인 에너지를 가동시키지 않아도 그냥 습관처럼 일을 할 수 있다는 거야. 게다가 너희들 대부분은 교복을 입고 머리 모양도 똑같을 거 아냐? 그러니 처음에는 제자들에 대한 사랑과 교육 비전으로 불타던 선생님들도, 한참이 지나고 나면 일이 매우 따분해질 수 있겠지.

물론 전혀 그렇지 않고 한결같은 선생님들도 존재해. 그런 선생님은 자연히 학생들의 사랑을 받게 되지. 그 선생님을 다른 선생님보다 좋아하는 건 자연스러운 일이고, 좋은 일이고,

바람직한 일이야. 그래야 그런 선생님들이 더 많이 생길 테니까.

하지만 모든 선생님들이 그렇게 해주기를 기대하면서, 그렇지 않은 선생님에 대해서는 엄청난 분노를 품으며 저항할 필요는 없어. 좀 암울한 얘기긴 한데, 사실 선생님이 되는 사람들이 전부 다 학생들에 대한 애정 때문에 그 길을 선택하는 건 아냐. '교사'라는 직업이 주는 보상이 좋게 느껴져서 선생님이 되는 사람도 많아. 방학도 꼬박꼬박 하지, 해고도 잘 안 되지. 일반 기업에 취직하는 것보다 나아서 선생님이 된다는 사람들이 꽤 있단 말이야. 이 사람들의 사명감이라면, "복지 혜택 때문에 선생님이 되기로 결정했지만, 이왕 하는 거 애들한테 잘해주자! 좋은 선생이 되어보자!"는 것 정도?

그래, 이상적인 스승의 상은 아니지. 하지만 그렇다고 이게 '부도덕한' 일은 또 아니란 말이야. 너희들도 언젠가 취직을 할 날이 오면, 꼭 어떤 직업에 사명감을 느껴서 그 직업을 택하지는 않을 수도 있다는 걸 알 거야. 전자제품 회사가 월급을 많이 주기 때문에 거기 취직했는데, 이왕 하는 거 열심히 하기로 결정한 사람은 전자제품에 대해 죄를 저지르는 건가? 그렇지 않잖아.

물론, 알아. 만일 자기 일을 제대로 하지도 않으면서, 직업이 주는 보상만 바라는 사람이 있다면 비난을 받아 마땅하지. 그건 선생님들만 그런 게 아니고, 구두 수선공부터 대통령에 이르기까지 모든 사람들이 다 그런 거야. 게다가 너희들은 전 자제품이 아닌 사람이야. 그러니까 선생님들은 너희를 인격 적으로 존중하고, 자기에게 맡겨진 직무를 전자제품 다루는 사람보다 훨씬 더 충실하게 이행할 의무가 있어.

그러나 그 '충실한 임무 수행'이 꼭 '존경받는 희대의 스 승' 같은 모습일 필요는 없을지도 몰라. 너희들을 대할 때 최 소한의 인격적인 예의를 갖추고, 자신이 가르치는 과목에 대 한 충분한 지식과 그걸 전달할 능력이 있다면, 어쩌면 그것으 로 선생님의 자격이 충족되는 걸 수도 있지.

나는 그런 선생님들을 무슨 광신도처럼 존경해야 한다는 말을 하는 게 아니야. 그냥 놔두란 얘기지. 선생님이 건조하 게 자기 일만 하되 너희들에게 따뜻한 애정을 보여주지는 않 는다면, 그냥 그런 사람인가보다 하고 말라는 거야. 그 사람 이 너희가 생각하는 이상적인 스승상이 아니라는 이유로 그 사람을 싫어하면서 인격적으로 비하하거나, 그 사람을 너무 싫어한 나머지 가르치는 과목에는 귀도 기울이지 않는다거나 하지 말고.

물론 선생님들이 '이 정도는 교사의 권한으로 할 수 있다'

고 생각하는 내용들이, 우리가 느끼기엔 '기본적 인권을 무
시하는 태도'인 경우가 있기는 해. 내가 학교에 다닐 때도, 야
간 자율학습 시간에 2002 월드컵 중계를 몰래 틀었다고 해
서 어떤 교사가 다른 학생들이 다 보는 앞에서 우리 반 아이
의 따귀를 때렸던 적이 있어. 다른 애는 자습 시간에 신문을
봤다는 이유로 담임이 발로 걷어찼지. 심지어 걔는 여자애였
는데 말이야.

솔직하게 말하면, 난 그 선생님들을 똑같이 후려 패고 싶었
어. 하지만 그럴 수 없어서 태도만 삐딱해졌지. 정정당당하게
이의를 제기하기엔 그때의 나는 참 어리고 철이 없었으니까.
수업 시간에 껄렁한 자세로 있고, 썩소를 날리고, 선생님들의
뒷담화를 하는 것이 내 '저항'이었어.

그런 사람은 비난받아 마땅해. 존경받는 선생님의 상이 아
니라서 그렇기도 하지만, 인간과 인간이 서로 지켜야 될 예의
를 지키지 않고, 권력을 남용하고, 기본적인 인권을 침해했기
때문이야.

여기에 대해서는 정당하게 이의를 제기하면 좋을 거야. 나
처럼 삐딱하게 구는 건 아무것도 바꾸지 못하기 때문에 훌륭
한 방법이 아니야. 하지만 무조건 경찰을 부르거나 교육청에
신고를 하는 것도 좋지 않아. 너희가 원하는 게 서로의 인격

이 존중되는 거라면, 일단 너희도 선생님을 존중해야 돼. 그 사람의 어디가 어떻게 잘못되었는지 알려주지도 않고(자기가 스스로 알았으면 좋겠다만, 그런 선생님들은 자기가 어렸을 때 그렇게 맞으면서 학교를 다녔기 때문에 그게 잘못된 일인 줄 모를 수도 있어), 무조건 신고부터 한다면 지나쳐. 일단 선생님에게 그러지 말아달라고 요청하고 왜 그러면 안 되는지 설명하거나, 그게 어려우면 부모님께 말씀드리는 방법을 써봐. 신고는 정말 최후의 수단이야. 더 이상은 견딜 수 없다고 판단될 때 하는 것.

거꾸로 생각해봐. 너희들이 큰 죄라고 생각을 안 해서 음악이나 영화, 게임 같은 것을 무료로 다운로드받았는데, 여기에 대해서 아무 소리도 없다가 갑자기 어느 날 누군가가 들이닥쳐서 너희를 도둑놈 취급하면서 쥐 잡듯 한다면 억울할 거 아니겠어?

나로서는 사람을 저런 식으로 때리는 걸 '애들을 가르치려면 어쩔 수 없다'는 식으로 별 잘못 아닌 듯 이야기하는 선생님들이 이해가 안 간다만, 그 사람들 입장에서는 심지어 억울하다고 느낄 수도 있단 말이야.

말이 다른 데로 많이 샌 것 같지만, 마치 우리 사회에 저런 선생님들이 전혀 존재하지 않는다는 것처럼 '선생님들도 인간이니까 이해하라'는 식으로 이야기할 수는 없어서 좀 길게 적었어.

　사실 내가 '선생님도 한 사람이라는 걸 기억해'라는 제목 아래에서 진짜 하고 싶은 이야기는 편애에 관한 거야.

　과외 선생으로서의 내 경험담이야. 나는 그룹 과외로 역사나 사회, 영어를 많이 가르쳤거든. 그런데 팀으로 과외를 하다 보면, 그중에서 예쁜 학생과 미운 학생이 자연히 생기게 돼. 감히 말하지만, 난 '착하고 바르게' 살려고 노력하는 중이기 때문에 이 편애하는 마음을 없애려고 엄청 노력했어. 하지만 쉽지 않아. 어떤 애는 눈이 초롱초롱해서 내가 하는 말을 열심히 듣고 숙제도 꼬박꼬박 다 해오는데, 다른 애는 수업만 하려고 하면 딴 짓을 하고, 그러다가 설명을 못 들으면 "네? 뭐라고요?"라는 소리만 하고, 숙제도 절대 안 해온단 말이야.

　그런 일이 한두 번이면, '내가 가르치는 내용이 재미가 없구나. 다른 공부도 해야 할 텐데 역사 과외까지 하려니 얼마나 힘들면 저럴까.'하는 생각이 들지. 근데 매번, 단 한 번도 거르지 않고, 계속, 계속, 계속 그런 일이 벌어지면 나도 짜증이 나. 나도 인간이니까. 나는 나름대로 수업 준비를 해간 거란 말이야. 재미있으라고 게임도 만들어가고, 이것저것 다른 책에서 읽었던 내용도 미리 정리해보곤 해. 그런데 무슨 소용이냐? 듣지를 않는데!

그럴 땐 난 꼭 바보가 된 기분이 들어. 그래서 "왜 숙제를 안 해왔냐?"라고 물으면, 걔들은 아마 잔소리가 시작된다고 생각해서 대답을 안 하는 거겠지만, 미안하다는 말 한마디가 없어. 심지어 어떤 때는, 그때는 유난히 스트레스를 받아서 더 그랬지만, '이 애들은 자기 부모님이 날 고용했다는 걸 알아서 무시하고 나한테 예의를 안 갖추어도 된다는 생각을 하나?'라는 생각까지 든 적도 있었어. 그런 때는 정말 감정적으로 화가 나. 내가 학생들보다 나이가 훨씬 많은 것도 아닌데, '감히' 그 애들을 혼내게 돼. 그러니 '어른은 마땅히 공경해야 하느니라.'라는 가르침을 받으면서 자라온 나이 드신 선생님들은 훨씬 더하지 않겠어?

물론 너희들이 공부에 흥미가 없다 하더라도, 너희들 개개인의 저마다 다른 가치를 모두 알아보고 따뜻한 사랑으로 대해주시는 선생님들도 계셔. 그분들은 정말 존경받을 만한 분들이지. 사실 선생님이 되고자 하는 사람들은 모두 그런 선생님이 되도록 노력하는 게 좋을 것이고, 그런 노력을 하는 사람도 많아.

하지만 그게 결코 쉬운 일은 아니라는 것도 알아줬으면 해. 인간관계는 언제나 서로가 함께 만드는 거야. '사람이 말을 하면 듣고, 사람이 성의를 보이면 받아주는 시늉이라도 한다. 너무 피곤하다든지 하는 이유로 도저히 상대의 성의를 받아 줄 수 없다면 왜 그런지 이유를 말하고 사과한다. 이 성숙한 모습을 본 결과, 타성에 젖어서 기계처럼 선생 노릇을 하고 있던 어떤 선생님의 마음속에 무척 괜찮은 학생, 따뜻한 추억 으로 남는다.' 이렇게 되면 오히려 학생이 선생님을 가르친 셈이 되겠지. 어때, 이런 게 진짜 '간지' 아닐까?

Special Tip

물론 환상적인 선생님들도 계셔. 그런 선생님들에게는 마음에서 우러나오는 존경을 바쳐. 하지만 모든 선생님들에 대해서 너무 환상을 갖지는 마. 그들도 사람이니까, 항상 올바른 스 승의 모습대로만 행동할 수는 없어. 다만 너희들 이 먼저 잘 대해준다면, 그 사람들도 너희들에게 똑같이 잘해줄 확률이 높아질 거야.

친구를 사귀면서도 배울 점이 많아

부모님과 선생님에 대해 이야기했으니까, 이번엔 친구야. 하하. 어째 글을 쓰다 보니까 내가 너무 도덕군자인 양 설명하는 느낌이 드는데, 정말 좋지 않군. 정작 나부터가 노력을 좀 하고 있다 뿐이지, 아직은 별로 실천하지 못하고 있는 일들이거든. 여하튼 뭐, 내가 말하는 대로 다 하라는 얘기가 아니고, 그냥 참고로 한다고 생각하고 들어줘.

친구에 관해서 가장 중요한 건, 내 생각에는 폭넓게 사귀는 거야. 결국 사회에서 우리는 나이나 지위가 비슷한 사람들과 많이 부딪히게 될 텐데, 이 사람들과 어떤 방식으로 관계를 맺을 것인지 배우려면 친구를 많이 사귀는 게 제일 좋은 방법이야. 그 시기로는 학창 시절이 가장 적합해.

그런데 세상에 나가서 만날 사람들이 항상 정해진 범위 안에만 있지는 않으니까, 친구를 사귈 때도 가리지 말고 폭넓게 사귀면 많은 도움이 될 거야. 더구나 친구를 폭넓게 사귀면 사람들이 살아가는 이런저런 모습들을 보다 깊이 이해할 수 있기 때문에 훨씬 더 너그러워져.

내 경험을 얘기해줄게. 사실 뭐, 내 경험은 성공담이라기보다 실패담이지만, 거꾸로 뒤집어서 생각해보면 될 테니까.

이 책의 앞장에 쓰여 있어서 봤겠지만, 난 서울대학교 사회학과에 다니고 있어. 그걸로 너희들이 충분히 짐작할 수 있듯이, 나 역시 학교 다닐 때 엄청나게 '범생'이였어. 특히 중학교 때는 엄청 심했지. 친구를 사귈 필요성도 별로 느끼지 못했지만, 몇 명 사귄 친구들은 의도하지 않았는데도 어느 정도 성적이 좋고 선생님들이 좋아하는 다른 '범생'들이더라.

그리고 범생들이 흔히 그렇듯이, 나도 반에서 소위 '날라리'라고 불리는 애들을 무슨 외계인처럼 생각했지. 어머니가 TV에 나오는 그런 애들을 볼 때마다 혀를 차셨기 때문에, 부끄럽게도 난 그 애들을 한심하다고 생각하다 못해 거의 경멸

하다시피 했어. 난 지금 고해성사를 하는 거야. 너희들은 내 얘기를 읽고 '뭐 이런 싸가지 없는 자식이 다 있냐!'고 생각할지도 모르겠지만, 솔직하게 말해야 하니까.

난 진짜 엄청 심했어. 당시 우리 반 '짱'이 말을 걸면, 그 녀석이 코앞에 있어도 대답도 안 하고 쳐다도 안 봤어. 그 애의 기분을 생각해봐야겠다는 느낌조차 없었지. 고등학교 때 친구를 때리는 선생님을 보면서 코웃음 쳤듯이, 날라리 애들을 보면 썩소만 지었어. 그러면 그 애들은 그냥 피식 웃기만 했지, 나를 때리거나 괴롭히지는 않았어. 왜 그랬는지는 모르겠지만 지금 와서 생각해보면 그 애들이 나보다 더 성숙했던 걸지도 몰라. 그런데도 난 별다른 이유도 없이 걔들을 나보다 못한 인간이라고 간주하고 있었어.

그런데 언젠가 내가 학교에 우스꽝스러운 옷을 입고 간 적이 있었어. 그때 날라리 애들이 복도에 길게 앉아 있다가 내가 지나가니까 웃고 난리를 쳤지. 그런데 그중에 한 명이 "야, 웃지 마! XXX들아, 쟤가 뭘 어쨌다고 그래?"라면서 다른 애들을 조용히 시키는 거야. 그리고 나한테 "가, 가, 얼른 가." 이러더라고. 내가 평소에 엄청나게 무시하던 애 중 하나였는데 말이야.

난 그때 정말 부끄러웠어. 내가 걔보다 못하다는 생각이 확

들었지. 그러다가 중학교를 졸업하고 고등학교를 다니던 시절에 우연히 길거리에서 걔를 만났는데, 이번에도 걔가 먼저 인사를 하더라고. 그땐 나도 반갑게 인사할 수 있어서 좋았어.

그뿐만이 아니야. 난 HOT부터 시작해서 서태지까지, 모든 가수들을 아주 싫어했어. 우리 세대에서는 매우 드물게도 그 사람들을 '딴따라'라고 여기고, 그들을 쫓아다니는 애들을 비웃었지. 학교 다닐 때 젝스키스라는 그룹이 해체됐다고 어떤 여자애가 울었는데, 난 그게 어처구니가 없어서 비웃었어. 성적이 안 나오는 애들은 무조건 불성실하다고 생각했고, 불성실한 애들은 나보다 못하다고 여겼어.

그러나! 고등학교 때는 왠지 삐딱한 아이들하고만 자주 어울렸지. 야자 시간에 마음대로 땡땡이를 치고, 옥상이나 창고 같은 학교의 숨겨진 장소들을 귀신같이 알아내고, 심지어 저녁 시간에 도망쳐서 노래방에 갔다가 야자 끝날 때쯤 몰래 들어와 걸리지 않는 신기를 보여주는 아이들이 멋져 보였고, 그 무리에 있고 싶었어. 우리 학교는 외국어 고등학교였는데도 담배를 피우고 술도 마셔봤다는 그 애들이, 순진하고 유치한 범생이였던 내 눈에는 정말 영웅처럼 보였던 거야. 내가 그토록 경멸하던 대중음악과 일본 락 음악을 아주 근사한 폼으로 듣는 친구도 있었어. 난 음악이 즐겁다는 걸 그때 처음 알았어. 그래서 난 그 '땡땡이 무리'에 꼈지. 그때 난 내가 범생이가 아니라고 생각했고, 공부에 매진하는 친구들을 보면 '성적에 핏발 세우느라 정작 중요한 건 뭔지도 모르는 편협한 놈들'이라고 코웃음을 쳤다. 뭐, 외고 '땡땡이 파'가 땡땡이를 치면 얼마나 쳤겠느냐고 할지도 몰라. 아무튼 난 그렇게 생각했어. 말하자면 중학교 때와 완전히 반대로 와버린 거지.

그런 녀석이 서울대학교에 와서 처음 동기들을 보고 무슨 생각을 했겠어? '이 가식적인 놈들. 사회대학생이라는 것들이 취직 걱정밖에는 생각이 없어. 한심한 것들.' 딱 이 태도였어.

그런데 지금은 이 모든 편견들이 다 깨졌어. 왜냐고? 간단히 말하자면 여러 사람을 만났기 때문이야. 어쩌다 보니 외고의 어설픈 땡땡이 파가 아닌, 학창 시절에 정말 잘나갔던 형들을 만났어. 같이 여기저기 다녔지. 한강에서 추위에 떨며 소주를 먹기도 하고, 외박도 해보고, 그 형들의 소개로 전혀 모르는 사람들과 인사하고 식사하는 법을 배웠어. 그 형들이 무용담처럼 들려준 이야기 중에는 사실 나쁜 짓도 많아. 사람을 때린 이야기를 자랑처럼 하곤 하니까. 하지만 그 점을 빼면 쳐 죽일 나쁜 사람들도 아니고, 내가 경멸해도 되는 사람들도 아니야. 그 형들은 일찍부터 이런저런 아르바이트를 많이 해봤기 때문에 사리판단이 빠르고 협상 능력이 좋았어. 그리고 이른바 의리라는 것도 있었고. 그 형들과 난 달라. 하지만 누가 더 잘나고 못났다는 게 없기에 그냥 친구로 지내고 있어.

나는 대학교에 온 다음에 고등학교 때 친하지 않던 '범생이'들과도 많은 대화를 하게 됐어. 그리고 그 애들의 행동도 나름대로 깊은 생각을 거쳐서 나온 것이라는 사실을 알았어. 특히 그 노력과 성실함은 내가 따라갈 수 없다는 생각을 하게 됐지. 이공계 애들은 특히나 더. 그 애들이 사회 현실에 아무런 관심도 없이 멍청이가 되어갈 것이라는 나의 생각도 많이 깨졌고. 나와 다르게 생각하지만, 틀린 것도 아니고 생각해본 적이 전혀 없는 것도 아니야.

범생이라고 다 같이 뿔테 안경을 끼고 돌아다니는 것도 아니지. 내 친구 하나는 여자애인데, 아주 멋쟁이야. 구두나 옷 같은 데에 관심이 많아. 걔도 우리 학교에 다니지. 그렇다고 '된장녀'인가 하면, 그건 또 아니야. 아르바이트를 아주 열심히 해서 잘 벌어 쓰거든. 사회문제에 대해서는 어떤 건 관심이 있고 어떤 건 없어.

중학교 때 별로 친하지 않았던 친구들과도 대학교에 와서 많은 대화를 하면서 친해졌어. 학교 다닐 때 그다지 성적이 좋지 않았던 친구가 있는데, 난 그 친구가 하도 개그를 좋아해서 그냥 우스꽝스러운 놈으로 여기고 있었거든. 그런데 같이 어울려 다니면서 철학이나 문학에 대해서 많은 이야기를 하다 보니, 자료를 해석하고 새로운 의미를 부여하는 능력에 있어서 아주 탁월하다는 걸 알게 되었어.

게이나 레즈비언에 대해서도 편견이 많이 없어졌어. 실제로 만나보면 그 사람들은 별로 자기 정체성에 대한 이야기를 하지도 않아. 성적 얘기, 취직 얘기, 그냥 살아가는 이야기 등 똑같아.

또 있어. 기독교를 믿는 사람은 편협하다고 그동안 생각해왔는데, 반드시 그런 건 아니더라고. 뭐, 그런 사람도 있긴 해. 그런데 다 그렇지는 않아. 내 친구 중 한 명은 기독교 신자인데, 이교도였던 그리스의 철학자들이나 다른 이야기들에도 관심을 보이고 다른 종교인에게도 아주 너그러웠어.

운동권 학생이라고 모두 진보적 지식인인 건 아니야. 그중에는 탐구를 계속하는 열정적인 대학생들도 있지만, 흥미 삼아서 운동에 참여하는 사람들도 있고 운동권을 일종의 세력으로 생각해서 아주 독선적으로 구는 사람들도 있어.

여성운동을 하는 애들, 그러니까 인터넷에서 말하는 '페미'도 그래. 그 사람들 중에는 정말 이기적인 사람부터, 아주 헌신적인 사람까지 스펙트럼이 다양하지.

법조인들 중 일부는 사치스럽고 사회적 약자에 대한 생각도 별로 없어. 하지만 그렇지 않은 경우도 많아. 그건 의사도 마찬가지야. 아니, 의사인 친구는 없으니까 의대생이라고 해야겠다. 의대생 중 몇 사람은 출세하기 위해서 의사가 되었어. 하지만 내 친구 중 다른 아이는, 진짜 의사는 환자를 편하게 해주기 위해서 그들의 이런저런 사정을 모두 이해해야 하기 때문에, 흔히 '밑바닥 인생'이라고 불리는 사람들과도 폭넓게 사귀어야 한다고 이야기해. 실제로 그렇게 살기도 하고.

새로 어떤 사람을 만나면, 이제 나는 그 사람을 섣불리 판단하지 않아. 동정하지도 않고 화를 내지도 않고 미워하지도 않고 첫눈에 반하는 일도 드물어. 아직 모자라지만, 사람들이 어떤 행동을 할 때면 그 뒤에 나름의 이유가 있으리라는 생각을 하게 됐어. 그 사람들이 나와 다르지만 틀린 건 아니라는 생각을 하게 됐고. 그래서 뭐가 좋으냐고?

다른 이유도 있지만, 제일 좋은 건 화가 덜 난다는 거야. 내가 이해할 수 있는 사람이 많아지니까 나랑 다른 사람을 봐도 별로 화가 나지 않아. 일단 들을 수 있으니까 세상을 좀더 넓게 보게 돼. 장점과 단점이 항상 같이 다니는 걸 볼 수 있기 때문에, 어떤 나쁜 일이 생겨도 다른 사람들보다 덜 절망하는 것 같아.

만일 내가 특정한 부류의 친구들만 사귀기로 작정하고 계속 고집을 부렸으면, 난 아마 이런 말을 입에 달고 있었겠지. "인간들이 진짜 이해가 안 되는군. 짜증 나네." 그래서 제일 괴로운 건 아마 나였을 거야.

그러니까 너희들도 한번 생각해봐. 친구를 사귀되, 부류를 나누려 하지도 말고 어떤 판단을 미리 하려 들지도 마. 다만 어느 한 그룹에 너무 매몰되어서 너희 자신을 잃는 일도 피해야겠지. 그러지 않으려고 친구를 넓게 사귀는 거니까.

Special Tip

친구를 가리지 말고 폭넓게 사귀면 그 사람들을 이해하면서 마음이 넓어질 거야. 어느 한 그룹에 너무 매몰되어서 내가 누군지조차 모르게 되는 상황만 피한다고 생각하고, 사람들을 마음껏 사귀어봐.

때때로 사회현상에 관심을 기울여봐

　인터넷에 보니까 너희들을 '386 주니어'라고 하더라. 청
소년들과 대학생들이 사회현상에 관심을 잃어가는 이 통탄할
만한 시국에, 너희들만은 광우병 쇠고기 수입 문제 등에 적극
적으로 대처하면서 새로운 정치 주체로 떠올랐다더라고. 너
희들의 부모님 세대가 대통령 직선제를 쟁취한, 한국 민주주
의 운동의 최전방이었던 386 세대이기 때문에, 그런 부모님
의 '의혈'을 이어받은 거라고 풀이하는 사람들도 있어. 너희
들 모두가 이 '새로운 정치 주체'였던 것은 아니겠지만, 인터

넷을 한 경험이 있다면 한 번쯤은 다 이런 말을 들어봤을 거야.

그런데 어떻게 생각해? '새로운 정치 주체', '386 주니어', '촛불 소녀' 같은 별명들이 마음에 들어?

글쎄, 너희 중 어떤 친구들은 괜히 시끄럽게 나서는 일부 청소년들 때문에 공부에 매진할 시간을 빼앗겼다고 생각해서 마음이 불편할지도 몰라.

하지만 나는 개인적으로 너희들이 이런 별명을 얻게 된 게 꽤 좋은 일이라고 생각해. 사회문제에 관심을 가지고 있다는 말은, 내 생각엔 적어도 그만큼 마음이 큰 사람이라는 뜻 같거든. 왜냐하면 사회라는 게 결국 여러 사람들이 모인 집단이니까, 사회문제에 대해 생각하는 사람은 자기 일에만 정신이 팔려 있는 게 아니라 다른 사람들이 어떻게 사는지에 대해서 항상 생각하고 있다는 말 같아서. 그런 관심이 때로는, 그러니까 쓸데없이 남의 사생활을 캔다든지 장애인이나 외국인들을 못 살게 굴겠다는 주장을 펴는 경우에는 폭력적이고 잔인한 것이 될 수도 있지만, 다른 많은 경우에는 따뜻한 애정을 밑바탕에 깔고 있는 것 같아. 삶을 살면서, 내 앞가림만 따지며 급급하기보다 옆 사람들은 어떻게 살고 있는지, 힘들지는 않은지 살펴보는 건 훌륭한 일이잖아. 그만큼 여유롭다는 말이 되고, 그만큼 큰 사람이라는 얘기고. 뭐, 대인배랄까? 하하.

그런데 나는 한편으로 좀 걱정도 됐어. 사회문제에 관심을 갖고 있는 건 좋은데, 과연 그런 관심 전부가 '386 주니어'라는 멋진 별명에 어울리는 것인지, 시간이 지나면서 조금은 다시 생각해보게 되었거든.

이건 순전히 과외를 하다가 느낀 건데 말이야. 사회문제에 대한 우리 젊은 사람들의 관심이, 어른들이 말하는 것처럼 그렇게 높은 평가를 받을 만한 게 아닐지도 몰라. 엄청나게 충동적이고, 이리저리 왔다 갔다 한다는 걸 많이 느꼈어. 내 학생들도 그렇고, 나도 그렇고.

가끔 깜짝깜짝 놀라. 우리나라 역사에 대해서 가르칠 때, 일본의 침략에 대한 이야기를 듣고 내 제자들이 얼마나 크게 분노하는지를 보면서 말이야. 일본에 원자폭탄이 더 떨어졌으면 좋겠다든지, 일본 사람들이 모조리 죽었으면 좋겠다든지 하는 이야기가 아무런 거리낌 없이 나오지. 물론 우리 조상님들이 그렇게 심한 피해를 당했다는 이야기를 읽으면서 아무런 분노도 느끼지 못한다면 그거야말로 더 이상한 일이야. 나도 어렸을 때는 일본 문화에 열광하는 애들만 봐도 뒤통수를 한 대 갈겨주고 싶다는 생각을 하면서, 가끔 일본 노래가 흘러나오면 화장실에 가서 물로 귀를 씻을 정도였으니까.

하지만 한편으로는 너무 화를 내고 흥분하는 것도 좋지 않다고 봐. 뒤집어놓고 보면 우리나라도 베트남에 군대를 보내서 많은 피해를 입혔는데, 그렇다고 해서 베트남의 어떤 사람이 한국에 핵폭탄을 터뜨려 모두 죽여버리자는 주장을 하면 매우 불쾌하지 않겠어?

음, 좀더 이해하기 쉽고 객관적으로 볼 수 있는 문제를 이야기해볼게. 과외를 하다 보면, 가끔 환경문제에 대해 이야기할 때가 있어. 사회 교과서에서 간략하게나마 그런 내용을 다루고 있거든. 아마존의 나무를 베어내기 때문에 지구 온난화가 얼마나 빨리 일어나고 있는지, 공기가 더러워지고 있는지, 얼마나 많은 동물들이 잔인하게 죽어가는지에 대해 교과서에 나와 있어. 사진까지 실려 있는 경우도 있고.

이 부분을 학생들한테 이야기하면 애들은 대개 엄청난 분노에 휩싸여. 동물들을 죽이고 지구환경을 파괴하며, 아마존의 나무를 베어내는 브라질 사람들을 처벌하든지, 어쨌거나 그런 일을 더 이상 못 하도록 해야 한다는 거야.

그런데 뒤집어서 생각해보면, 그게 그렇게 쉬운 문제가 아니거든. 그 동네 사람들은 나무라도 베어다 팔지 않으면 하루하루 끼니를 때우는 것조차 힘들 정도로 가난한 데다, 경제문제가 심각해서 다른 일자리를 갖기도 매우 힘들기 때문이야.

지구의 환경은 정말이지 '우리 모두의 것'인데, 우리 모두가 고통을 분담하는 게 아니라 그 동네 사람들한테만 모조리 책임지라고 하는 건 좀 이상하잖아. 게다가 이렇게 된 데에는 서양 여러 나라들이 이 나라들을 식민 통치했던 원인이 있기도 하고. 그래서 이런 점을 지적하면, 내가 가르치는 학생들은 또 모든 문제를 서양 탓으로 돌리면서 분개하곤 하지.

정말이지 한순간에 '죽일 놈들'을 만들었다가, 또 다른 사람들을 죽여야 한다고 하고. 너무 쉽게 판단을 내리면서 그 판단이 틀렸을지 모른다는 의심은 하지 않고, 그냥 감정적으로 모든 것을 해결해버리려고 한단 말이야.

그래서 대체 왜 이런 일이 벌어질까 생각해봤는데, 내 생각엔 아무래도 사회문제에 대한 관심이 너무 적어서 그런 것 같아. 관심이 별로 없으니까 알고 있는 지식도 적고, 그러다 보니 어떤 문제를 접하게 됐을 때 깊이 생각하기보단 감정적으로 반응하게 되는 것 같단 말이지. 왜, 옛말에도 있잖아. "세상에서 제일 무서운 건, 책을 딱 한 권 읽은 사람"이라는. 그 사람은 아는 게 그 책 하나밖에 없으니까, 그 책이 진리인 줄 알고 그것만 밀어붙이게 되거든. 엄청난 추진력으로, 아주 감정적으로 말이지.

이렇게 감정적으로 "우우!" 하고 반응하는 건 굉장히 위험해. 우리는 생각보다 많은 힘을 갖고 있거든.

예를 들어서, 최진실 씨가 자살을 한 이유 중 하나도 네티즌들이 무신경하게 내뱉은 말 때문이라지. 게다가 문제가 더 심각해지면, 이렇게 "우우!" 하다가 아주 위험하고 중요한 문제에서까지 정말 우리한테 유리하고 좋은 게 뭔지 따질 능력까지 잃을 수 있어. 예컨대, 아주 극단적인 경우에는, "전쟁을 하자!"고 누군가가 주장할 수도 있는데, 전쟁의 결과 등등을 깊이 있게 따져보지 않고 감정적으로 동조할 수 있게 된단 말이지.

그러니까 그런 일을 초래하지 않으려면, 평소부터 사회의 여러 문제에 대해서 관심을 갖고 지켜보는 게 필요해. 그래야만 한 가지 사건에 여러 가지 측면이 있다는 것을 배우고, 아는 게 많으니까 누군가가 감정적인 주장을 하더라도 웅성거리면서 휩쓸려 다니지 않을 수 있어. 위의 아마존 문제에 관해서, 만일 처음부터 아마존 사람들이 어떻게 사는지에 대한 지식을 갖고 있었다면 죽어가는 동물의 사진을 보고 바로 그 사람들을 죽이거나 처벌해야 한다는 과격한 주장을 하지는 않았을 거야. 안 그래?

하긴, 이런 의문이 남을 수도 있겠다. '사회에 대한 결정까

지 굳이 뭐 그렇게 신경을 쓰나. 가뜩이나 내 앞가림을 하는 것도 바빠 죽겠는데.'

뭐, 그렇게 생각할 수도 있지. 하지만 이것 역시 잘 생각해 봐. 인간은 결국 사회를 떠나서 살 수가 없어. 어쨌거나 다른 사람들하고 어울려야 돼. 예컨대 세금 정책이 잘못되어서 우리나라 경제가 나빠지면 아버지 수입이 줄고, 그러면 내 용돈도 줄게 된단 말이야.

이런 물질적인 게 아니라도 마찬가지야. "얼굴이 예쁜 게 다다."라는 주장이 있다고 쳐봐. 이 주장이 어떤 맥락에서 나왔고, 어떤 결과를 가져올지 아무런 생각도 해보지 않은 채 순간적인 기분을 떠올리며 "맞아, 역시 얼굴이 다야."라는 댓글을 단다면, 그런 분위기는 점점 퍼져나가게 돼. 그러면 모르긴 몰라도, 너희들 중 상당수 역시 엄격한 미의 기준을 충족시키지 못해서 괴로워질 수 있을 거야. 그렇지 않더라도, 미용에 너무 많은 신경을 쓰느라 다른 즐거운 일을 하지 못하게 될 수도 있지. 심지어는 살을 뺀답시고 굶어 죽을 때까지 밥을 안 먹는 사람까지 나오는 마당이니까. 사회문제는 멀리 떨어져 있는 것이 아니고, 바로 우리한테 직접적인 영향을 끼친단 말이지. 감정적으로 쉽게 대답하거나 완전히 신경을 끄고 살기에는 너무나 심각할 정도로 많은 영향을.

한 가지 다행스러운 건 우리가 지금 살고 있는 나라는 형식적으로나마 민주주의 국가라는 거야. 어떤 문제가 발생했을 때, 사람들은 권력이 있는 한 사람의 생각을 듣고 그대로 따라가는 게 아니라, 서로의 의견을 묻고 다른 사람의 의견을 참고로 해서 결정을 내린단 말이지. 직접 마이크에 대고 "님은 어떻게 생각하십니까?"라고 하는 게 아니라(물론 너희들이 유명해지면 그럴 수도 있어), 그 문제에 대해서 너희들이 직접 이야기할 공간을 마련해준다고. 친구들과의 술자리부터 시작해서 인터넷 댓글 마당까지.

이럴 때 항상 언제나 "글쎄, 난 잘 모르겠어."라든지, "뭐, 난 별로 관심이 없어서."라고 말한다든지, 너희들이 하는 말이 어떤 결과를 가져올지 생각해보지 않은 채 감정적으로 모든 일에 대꾸해버린다든지, 그냥 남들 하자는 대로 끄덕거리기만 하면 생각보다 큰 피해를 입게 될 수 있어.

"원자력 발전소를 짓는다던데, 어떻게 생각하냐?"

"뭐, 난 관심 없어. 어떻게든 되겠지."

그렇지만 나중에 원자력 발전소 관련 사고가 난다거나, 또는 전력 공급이 부족해져서 전기 요금이 오른다거나 하는 일이 벌어졌을 때는 관심을 갖게 될걸? 너무 늦어서 문제겠지만.

"매일 스타벅스 커피만 마시는 여자들, 짜증 나지 않냐?"

"아, 진짜 짜증 나. 된장녀들. 다 총 쏴서 죽여버렸으면 좋겠어."

하지만 너희들이 만일 스포츠카를 갖고 싶어 하거나, 스키나 골프처럼 돈이 드는 스포츠를 하고 싶어 할 때 똑같은 비난을 들을 수 있겠지.

그러니까 말이라는 게 쉬운 게 아니야. 별거 아닌 거 같고 그냥 허공에 떠돌다 사라지는 것 같지만, 말을 함으로써 우리는 앞으로 살아갈 세상을 만들고 있단 말이지. 그러니 여기에 대해서 관심을 가지는 건 당연해. 그 관심이 단지 감정적인 차원에 머물면 안 되는 거야 물론이고. 그러려면 평소에 그 사회문제에 대해 잘 알고 있어야해. 합리적인 정보를 갖고 있어야 합리적인 결정을 내리지. 물론 언제나 신경을 곤두세우고 잡담을 할 때조차 항상 이성적으로 생각하려면 엄청난 스트레스를 받겠지만, 정말 진지하게 누군가가 의견을 물어올 때 아무런 지식과 사회문제에 대한 관심이 없으면 아무렇게나 말할 테고, 결국 자기도 모르게 자기 미래에 칼을 꽂게 될거야.

그러니 우리가 비록 모든 일을 알 수는 없지만, 적어도 알려고 노력하고, 모르는 일에 대해서는 감정적으로 대꾸하거나 무관심한 대신 "아직 모르겠으니 더 알아봐야겠다."는 대답을 할 수 있을 정도로는 사회적 관심을 유지하는 게 좋을 것 같아. 어때? 좀 말이 되는 것 같아?

Special Tip

사회문제에 대한 관심은 생각보다 멀리 동떨어진 이야기가 아니야. 사회문제가 곧 내 문제가 되는 경우가 아주 많거든. 그러니 현명한 결정을 내리고 말할 수 있으려면, 평소부터 이런저런 사회문제에 관심을 갖는 게 필요해.

part 3

다양한 경험 속에서 현명한
계획이 나와

무슨 일이든 주체적으로
한다고 생각해

등산 좋아해? 난 별로야. 사실 등산뿐만 아니라 몸을 움직이는 모든 종류의 활동을 별로 안 좋아하지. 그런데도 불구하고 산을 몇 번 타봤어. 그야 우리나라 국토 면적의 70%가 산이기 때문이기도 하고, 학교에서도 소풍이니 뭐니 갈 기회만 있으면 애들을 산에 데려가곤 했으니까. 우리나라에서 학교를 다녔다면 너희들도 아마 산을 타본 경험이 많을 거라고 생각해. 너희들 중 몇 명은 산을 타는 것이 좋았을지도 모르고, 다른 사람들은 나처럼 짜증 나는 마음이 들지만 어쩔 수 없어서 따라간 것일지도 모르지.

그런데 대학교에 오고 나서의 일이었어. 어느 날 갑자기 운동을 해야겠다는 생각이 들더라고. 내가 생각보다 술이 좀 세더란 말이야. 또 주점의 분위기 같은 것도 아주 마음에 들었고. 그래서 술을 자주 마시러 다녔는데, 그 이유 때문인지는 모르지만 체력이 달리는 게 느껴지더라. 또 연애사업의 번창을 위해서 최소한 건강미가 있어 보이는 육체를 만들어야 되지 않을까 하는 생각도 했고. 건장해 보이지는 않더라도 말이야. 뭐, 어쨌거나.

그러던 중 친구 녀석이 등산을 가자고 하더라고. 운동 중에서 가장 돈이 안 드는 운동이고, 마침 그 당시에는 날씨도 등산하기에 적당했거든. 그래서 나는 태어나서 거의 처음으로, 자발적으로 산에 올라갔어. 목표는 관악산 국기봉이었지.

어렸을 적에 같은 산을 아버지를 따라 억지로 올라갔던 기억이 있는데, 그때는 정말이지 견딜 수 없는 고난의 시간이었어. 아버지가 땀을 많이 흘리면 빨리 지친다고 물도 잘 안 주시고, 또 내가 어리다고 보조를 맞춰서 천천히 걸어주시는 것도 아니었으니까. 아버지가 저 멀리 올라가셔서 간신히 따라 뛰다시피 가면, 아버지는 이미 휴식을 마치고 또다시 산을 오르곤 하셨지. 어린 시절에는 그게 정말 힘들었다. 생각해보면 그리 가파른 등산로도 아니었는데 말이야. 너무 힘들었던 나머지, 정상에 올라서도 상쾌한 느낌을 받기보다는 '이놈의 산, 어차피 내려갈 걸 도대체 왜 올라오는 거야.'라는 원망만 했지.

그런데 다 커서 친구와 함께 산에 올랐을 때는 이것저것 많이 다르더라고. 객관적으로는 등산에 걸린 시간부터가 달랐지. 정상에 갔다가 내려오는 데에 1시간 30분도 채 안 걸렸어. 어려서 올라갔을 때는 3시간 정도 걸렸는데 말이야. 물론 그때는 어리고 다리도 지금보다 더 짧았으니까 그랬겠지. 하지만 고3 시절에도 같은 산을 학교 단합 대회 차원에서 올라갔는데, 그때도 거의 3시간이 걸렸단 말이야. 같이 산에 올랐던 내 친구도 우리의 빠른 속도에 의아해했으니까, 내 체력 말고도 뭔가 달라졌던 건 분명해.

그런데 더 이상한 건, 그렇게 빨리 올라갔는데도 불구하고 학교 소풍에 따라갔을 때나 아버지를 따라갔을 때와는 또 다른 여러 가지 경험을 했다는 거야. 새가 여기저기서 우는 소리도 듣고, 다른 사람들이 버린 쓰레기도 주웠고, 다른 등산객과 이야기를 해보기도 하고 말이야. 그러니까 이번 등산에서는 별로 힘들지 않았다는 말이 되지. 힘들어서 산을 오르는 데에만 기진맥진하고 있었더라면 주위를 둘러볼 여유가 전혀 없었을 테니까 말이야.

너무 뻔한 이야기지? 정신 상태가 달라지면, 자기가 하고 싶어서 하는 일이면 즐겁게 할 수 있고 성과도 더 낼 수 있다니. TV나 책이나 어디를 봐도 모두가 하는 이야기니까. 하지만 내가 직접 겪어보니까 정말 신기해서(이렇게 말하니 무슨 "도를 아십니까?" 하는 사람이 된 듯한 기분이 든다만) 한번 적어봤어.

그런데 너희들이 하나 알아둘 게 있어. '주체적인 태도를 가지면 힘이 덜 든다'는 건 빈말이 아니고, 상당히 과학적인 근거를 갖춘 말이야. 과학적인 근거란, 말 그대로 과학자들이 실험을 해서 얻어낸 결과와 그 결과를 설명할 만한 그럴 듯한 이론이 있다는 말이지.

아마 너희들도 들어봤을지 모르겠다. TV에서였나? 정확히 기억은 안 나는데, 몇몇 과학자들이 재미있는 실험을 하나 했어. 꼬불꼬불하고 복잡한 길을 갈 때, 운전자와 조수석에 앉은 사람, 뒷자리에 앉은 사람 중에서 누가 가장 멀미를 느끼고 누가 가장 덜 느끼는지 본 거지. 실험 내용을 처음 들었을 때 난 뒷좌석에 앉은 사람이 가장 멀미를 덜할 거라고 생각했어. 보통 드라마나 영화에 보면, 가장 신분이 높은 사람(예를 들어서 마피아 보스라든지 대통령)에겐 항상 뒷자리를 주니까 말이야. 가장 멀미를 덜하는 좋은 자리를 내주는 게 아니겠어? 그런데 실험 결과는 달랐지. 가장 멀미를 덜 느낀 사람은 다름 아닌 운전자였어.

이런 실험 결과를 설명하기 위해서 과학자들이 그럴싸한 이론을 가지고 나왔는데, 내가 듣기에는 꽤 말이 됐거든. 너희들도 한번 듣고 생각해봐, 말이 되는지.

과학자들의 의견은 이거였어. 운전자들은 핸들을 꺾고, 액셀러레이터와 브레이크를 밟고, 기어를 조종하는 사람이야. 그러니까 언제 이 차가 왼쪽으로 돌고 오른쪽으로 돌지, 언제 얼마나 빨라지고 언제 멈출 것인지 잘 알고 있다는 거지. 그리고 신기하게도 우리 몸은 자기가 아는 변화에 대해서는 그만큼 반응을 빨리 한다는 거야. 운전자가 굳이 '몸의 균형을 맞추어야겠다'고 다짐하지 않더라도, 핸들을 왼쪽으로 꺾을 때는 몸이 알아서 '아, 왼쪽으로 가려는구나.' 하고 균형을 잡는다는 거지.

이 실험을 보고 잘 생각해보니까, 내 경험하고도 맞아떨어지는 부분이 많더라고. 예전에 아버지를 따라서 등산을 갔을 때는 정말 등산을 하기 싫었어. 아버지가 올라가시니까 따라가고, 아버지가 멈추시면 나도 멈추는 식이었지. 그런 등산은 단지 내 정신적인 태도만 문제가 아니라, 정말 육체적으로 힘들어. 언제 쉬고 언제 움직일지 나 스스로는 결정할 수가 없으니까. 나는 아버지의 페이스에 맞추고 있는 것이지, 내가 스스로 등산을 하는 게 아니거든.

학교 소풍으로 등산을 갔을 때도 마찬가지야. 너희들도 아마 겪어봤을걸. 앞서 걷는 애들과 뒤에서 따라가는 애들 중, 뒤따라가는 애들이 훨씬 많이 지쳐. 왜냐하면 뒤에서 빨리 걸으려고 해도 앞 사람에 부딪혀서 속도를 늦춰야 하고, 그러다 보면 선두와 차이가 너무 많이 벌어져서 따라잡기 위해 뛰어야 하지. 몸이 대비할 수가 없는 거야.

그런데 친구와 갈 때는 그렇지 않았지. 왜냐하면 등산 자체를 내가 원해서 간 것이었고, 내가 듣고 싶은 새 소리가 있거나 줍고 싶은 쓰레기가 있으면 마음대로 멈출 수 있었으니까. 물을 먹고 싶으면 먹고, 올라가고 싶으면 올라가고, 쉬고 싶으면 쉬면서. 나는 등산을 해야겠다는 목적을 갖고 있었고, 그게 '등산 모임'이라는 목적과도 부합했어. 그래서 적극적인 구성원이 되어 "이렇게 하자, 저렇게 하자."고 말할 수 있었던 거야.

만일 아버지와 등산할 때, 비록 등산을 가자는 의견 자체는 아버지가 제시한 것이지만, 내가 그 계획에 적극 동참하면서 진짜 즐기는 모습을 보였다면 "잠깐만 쉬었다 가요!"라든지, "물 좀 마시고요." 같은 말이 좀더 잘 받아들여졌을 거고, 등산은 훨씬 덜 힘들었겠지. 왜냐하면 아버지가 보시기에 그런 내 의견들이 등산이라는 전체 목적을 망치려는 떼 쓰기나 수작으로 보이지 않았을 테니까 말이야. 학교 등산도 마찬가지로, 내가 뒤에서 따라가는 입장이었더라도 "야아, 앞에 좀 천천히 가자!" 같은 말을 하면서 내 페이스에 어느 정도 맞출 수 있었을 거야. 너희들은 이미 그렇게 하고 있는지도 모르겠다. 하지만 그렇지 않더라도, 저런 식으로 행동하는 사람들을 본 적이 있을 거야.

그 사람들을 보통 '넉살이 좋다'고 표현하지. 그런데 넉살이 좋은 사람들의 특징은 아주 여유롭다는 거야. 뭘 하든 크게 짜증을 내지 않고 힘든 기색도 보이지 않지. 그건 그 사람들이 엄마 배 속에서부터 양수 대신 '여유'를 마시며 살아왔기 때문이 아니야. 그 사람들은 주체적으로 행동하기 때문에, 그렇지 않은 사람들보다 실제로 덜 힘들어. 그러니까 여유로운 거야.

몸 쓰는 일 말고도 그래. 예를 들어서, 친구들과 자주 만나다 보면 주도적으로 약속을 잡는 사람이 생기잖아? 사실 내 친구들 무리에서는 내가 그런 역할을 해. 그게 어쩔 때는 좀

골치 아파. 애들이 대학생이 되더니 시간이 잘 맞지 않아서, 한번 만나려면 여러 번 연락을 돌려야 하거든. 다들 귀찮으니까 문자에 답장도 제때 안 보내주고 말이야.

그런데 좋은 점은 뭐냐 하면, 나는 약속을 잡으면서 이런 사소한 짜증이 아닌 '의기소침'과 '무력감'을 느낀 적이 한 번도 없다는 거야. 정말이지 한 번도. 나는 상황이 어떻게 돌아가는지 알고 있거든. 애들이 만나는지, 안 만나는지 알고 있고, 내가 소외당하는지, 아닌지도 잘 알고 있어. 아마 그래서겠지만, 친구들과의 관계에서 내가 고립되어 있다고 느낀 적은 없어.

사실 난 내가 너무 약속을 잘 잡아서, 또 같이 다니는 친구들이 워낙 유쾌하고 쾌활하고 개방적인 녀석들이라 내가 소외감을 안 느끼는 줄 알았어. 그래서 다른 친구들도 다 나처럼 행복할 거라고 확신하고 있었지. 그런데 그렇지가 않더라고. 우연히 친구와 메신저로 이야기할 기회가 있었는데, 그 친구는 자기가 모임에서 소외되는 느낌을 받기도 하고 그것 때문에 친구 관계 자체에 대해서도 좀 회의가 들 때도 있다는 거야. 난 그런 걸 전혀 몰랐기 때문에 그 친구한테 정말 미안했어. 그래서 다음부터는 약속을 잡을 때 좀더 신경을 쓰려고 노력했지.

하지만 어쨌거나, 그 친구 스스로도 말했듯이, 어떤 일이든 그 일에 적극적인 사람이 결국 일을 주도하게 되어 있어. 아무도 주도하는 사람이 없다면 그 일 자체가 없어지는 거고. 그래서 어쩌면 자기는 불평하면 안 될지도 모른다고 하더군.

난 불평도 한 가지 참여라고 보기 때문에, 정말 적극적인 사람이라면 모든 불평을 다 듣고 최대한 사람들을 만족시켜 줘야 한다고 생각해. 그렇지만 아무리 적극적인 사람이라도 신은 아니잖아. 상대방의 입장을 그야말로 바닥까지 다 헤아릴 수 있는 사람은 드물어. 그런 사람이 나타나기를 기다리며 계속 절망하고 있기엔 우리들의 마음은 참 약하지. 겉으로 멀쩡한 척해도 상처받아. 상처에 견디는 체질이 되는 것도 좋지만 가장 좋은 건 상처받지 않는 거야. 노력을 통해서 상처받지 않을 수 있는 상황이라면 더욱더 말이지.

그러니까 넉살 좋은 사람이 되어봐. 여유로운 사람이 되어봐. 그러면 살기 편해져.

어떻게 하는 거냐고? 간단해. 사람들이 아니라, 그 사람들과 함께 하려는 '일'이 무엇인지 생각해봐. 그건 등산이 될 수도 있고, 친구들 사이의 우정이 될 수도 있고, 여자 친구나 남자 친구와 하는 사랑일 수도 있어. 뭐가 됐든, 그 일을 너희들이 가장 앞장서서 이끌어봐. 그러면 함께 하는 사람들과의 사소한 의견 충돌에도 의기소침하지 않게 될 거야.

너희 의견이 맞다면 망설임 없이 주장해. 하지만 듣고 보니 상대방 의견이 그럴싸하다면 뒤끝 없이 거기에 따라. 이게 정말 적극적인 참여야. 상대방을 무조건 공격하는 건, 상대방의 의견을 무조건 받아들이는 것만큼 바보 같은 짓이야. 어쨌든 상대방한테 휘둘리고 있다는 거니까. 너희들이 신경 써야 하는 건 상대방이 아니라, 그 사람들과 같이 하고자 하는 일이야. 그렇게 보면 너희들이 매번 맞닥뜨리는 모든 사람들은 그 일을 함께 해나가는 동료들이지. 그 동료들이 설령 너희들의 의견에 반대하고, 심지어는 적대감을 보일지라도 말이야. 하지만 그런 경우에조차, 어떤 누구의 의견도 모든 면에서 다 틀리지는 않아. 함께 살아가고 있다면, 상대방은 결국 너의 동료니까.

상대방의 주인이 되려 하지 말고 일의 주인이 되려고 해봐. 일이 잘되는 것을 생각해. 등산이라면, 언제 쉬고 언제 움직이는 것이 '모두 함께 산에 오른다'는 목적에 가장 부합할지 잘 생각해봐. 친구들과의 우정이라면, 너희들이 매번 취하는 행동이 우정에 어떻게 영향을 미칠지 생각해.

아마 연애에 관한 비유가 가장 적당할 거야. 좋아하는 사람이 항상 자기 멋대로만 하고, 너희들 말은 듣지 않을 수도 있어. 하지만 그렇다고 그 사람이 관계를 주도하고 있는 건 아니지. 연애의 목적은 두 사람이 행복하게 서로 사랑하는 거잖아? 그러면 그 행복에 더 많이 기여하는 사람이 그 관계를 주도하는 거야. 너희가 좋아하는 사람의 말을 들어줘서 그 사람이 행복해지는 정도와 그 부탁을 거절했을 때 너희들의 불행해지는 정도를 따져봐. 그래서 전체적인 행복이 늘어나는 것 같으면 좋아하는 사람의 부탁을 들어주고, 줄어드는 것 같으면 그렇다고 설명한 뒤에 거부해.

전체 목적이 뭔지 생각하면서 그 일에 기여하려는 사람만이 적극적인 사람이 되고, 주도권을 가질 수 있고, 넉살과 여유를 갖출 수 있어. 덜 피곤하게 살 수 있지. 사실 모든 일이 그래. 하하.

Special Tip

주도적인 사람이 돼. 그렇게 하면 모든 일을 좀더 수월하게 할 수 있어. 주도적인 사람이 되라는 말은, 같이 일하는 사람들을 짓밟아 뭉개서 그 위에 올라앉으라는 말이 아니야. 사람의 주인이 되지 말고 일의 주인이 돼. 그 방법은, 하려는 일을 가장 잘하는 길이 뭔지 생각하고 실천하는 거야.

머릿속이 복잡할 때는 가까이에
있는 인생 선배를 찾아가

또 TV 이야기를 해야겠네. 난 내가 TV를 많이 안 본다고 줄곧 생각해왔는데, 이렇게 글을 쓰다 보니까 생각보다 TV를 훨씬 많이 봐왔다는 걸 갑자기 깨닫게 되는구나. 하하.

이번에 내가 본 프로그램은 원숭이에 관한 거였어. 요즘 새로운 진화론이 각광을 받고 있다더라.

옛날 진화론은 이런 식이었대.

"사람은 가장 진화된 형태의 생물이다. 우리 다음으로는 원숭이가 가장 진화했다. 그러니 세월이 아주 많이 흐르면, 원숭이도 사람으로 진화할 것이다."

그런데 요즘 진화론은 다르게 설명한다는 거야.

"진화란, 모든 생물이 하나의 방향으로 발전해가는 것이 아니다. 각자가 자기의 환경에 맞게 변화해온 것이다. 그러니 아무리 오랜 시간이 지나더라도, 원숭이들이 계속 정글에서 산다면 사람이 되지 않을 것이다."

새로운 주장이 사실이려면, 원숭이들이 어떤 면에서는 심지어 사람들보다도 뛰어나야겠지. 그래야 정글에서 살기에는 사람보다 원숭이가 더 적합하다는 게 말이 되니까. 예를 들어서 나무를 타는 능력이나 순간적으로 주변의 움직임을 파악하는 능력 같은 거 말이야. 나무를 타는 능력이야 당연히 원숭이가 사람보다 나으니 이건 별로 충격적이지 않고. 내가 조금 놀랐던 건, 원숭이들의 지능이 어떤 면에서는 사람보다 낫다는 거야.

TV에서 실험한 건 원숭이들의 순간 기억력이었어. 아주 짧은 시간, 예를 들어서 0.1초 정도 화면에 숫자를 표시했다가 완전히 지워버려. 만일 이 숫자들을 1부터 10까지 바른 차례로 나열하면, 원숭이는 먹이를 얻을 수 있어.

0.1초 안에 10개의 숫자를 보고 그 위치를 기억하는 일, 너희들이라면 할 수 있겠냐? 난 못해. 그리고 TV에 나온 사람들도 마찬가지였지. 모두가 대체 이걸 어떻게 하라는 거냐

며 황당한 표정을 지었어. 그런데 원숭이는 아주 잘하더라고. 심지어는 숫자가 10개를 훨씬 넘을 때조차 화면을 올바르게 터치해서 먹이를 받아내더라니까.

그런데 말이야. 더 이상한 건, 원숭이들이 이렇게 순간 기억력이 뛰어난데도 불구하고 숫자 터치의 기술을 익히는 데에는 시간이 많이 걸린다는 점이었어. 어미 원숭이는 이미 화면의 숫자를 터치해서 먹이를 꺼내는 법을 아는데, 새끼 원숭이는 그 기술을 몰라. 새끼 원숭이가 그 방법을 터득하려면, 어미가 하는 일을 몇 번이고 계속 보면서 흉내 내야 돼. 더 재미있는 건, 자식이 실패를 하든 말든 원숭이는 기술을 전수해주지 않는다는 거야. 이 기술뿐 아니라, 블록을 쌓거나 재주를 부리는 다른 일도 마찬가지였어. 어미 원숭이를 조련한 사육사는, 그 어미가 새끼를 조련하는 걸 기대할 수 없어. 똑같은 트릭을 새끼 원숭이에게도 몇십 번 반복해서 알려줘야 해.

TV 프로그램에서는 이게 바로 원숭이가 문명을 건설할 수 없는 이유라고 하더라. 사람은 육체적 능력에 있어서 호랑이나 사자보다 떨어질 뿐 아니라, 순간 기억력이라는 작은 측면에만 국한해서 본다면 심지어 원숭이보다 지능이 떨어져. 그런데도 우리는 문명을 건설했지. 왜냐하면 우리는 '가르치고 배운다'는 유별난 스킬을 가진 종족이기 때문이야.

예를 들어서, 사람들은 누가 갑자기 다른 곳을 바라보면 그쪽으로 같이 시선을 돌려. 이건 의식해서 그러는 게 아니고 저절로 그렇게 되는 거야. 어머니가 블록을 쌓으면 아이들은 아무 데나 쳐다보는 게 아니라 어머니와 블록을 번갈아 바라봐. 그리고 블록 쌓기 스킬을 새끼 원숭이보다 훨씬 빠르게 익히지. 왜냐하면 새끼 원숭이는 어미가 블록을 쌓든 말든 쳐다보질 않거든. 어미 원숭이도 새끼가 쳐다보든 말든 상관하지 않고.

생각해보면 이건 별로 생소한 이야기가 아니야. 내가 인터넷에서 잠깐 마술을 배운 적이 있는데, 모든 마술 트릭이 이걸 이용해. 마술사는 관객들한테 "제가 여기서 속임수를 부릴 테니까, 여러분은 저쪽을 보고 계세요."라고 말하지 않지. 그럴 필요가 없기 때문이야. 손에 카드를 든 채, 쳐다보기는 다른 곳을 보잖아? 그러면 관객들은 자기도 모르게 마술사의 시선이 향하는 곳을 쳐다봐. 마술사의 시선 처리가 자연스러우면 자연스러울수록 더 잘 속아 넘어가지. 그리고 속임수가 다 진행된 뒤에 마술사가 다시 카드로 눈을 돌리면, 마술사를 따라 그 카드를 보고는 "우와!" 하고 감탄사를 뱉게 되는 거지. 말하자면, 마술사들은 인간의 가장 오래된 본능인 '남이 하는 걸 바라보기'의 맹점을 아주 잘 공략한 사람들이라고 할 수 있어.

그래서 사람들은 자기보다 먼저 산 사람들이 평생의 경험을 통해 익힌 사실을 또다시 처음부터 익힐 필요가 없어. 다른 사람들이 하는 걸 보고 흉내 내고, 거기에서 가르침을 얻는다는 위대한 본능이 있거든. 내 조상님이 0부터 3까지의 길을 걸어왔다면, 나는 0부터 다시 시작하는 게 아니라 3부터 시작하면 돼. 잠깐의 교육 기간만 거치면 말이지.

하지만 원숭이는 그게 안 되는 거야. 어미가 아무리 호두까는 법과 불을 얻는 방법을 알아냈더라도, 새끼가 그 기술을 터득하려면 다시 0부터 시작해야 하는 거지. 인간은 그렇지 않고, 그래서 문명을 건설했어.

우리한테 이런 거대한 본능이 있는데 써먹지 않는다면 어리석은 일이겠지. 굳이 문명의 건설처럼 큰 이야기를 하지 않더라도, 삶의 사소한 경험들에 대해서도 말이야.

예를 들어서, 춤을 잘 추고 싶다고 해서 '힙합'이라는 장르를 발명해낼 필요는 없어. 그냥 유명한 B-boy를 찾아가거나 인터넷 동영상을 보면 돼. 네이버에다 '윈드밀을 잘하려면 어떻게 해야 하나요?'라고 쳐보면 되지. 만일 너희가 새로운 기술을 발명해냈다면, 너희 후배들은 그 기술을 또 발명할 필요가 없어. 너희들한테 배우면 되거든.

모든 게 그렇다면 보다 큰 문제에 있어서도 그럴 거야. 앞으로 인생을 어떻게 살아야 할지, 어떤 친구들을 사귀어야 하고, 어떤 직업을 가져야 하고, 마음에 드는 사람들과 잘 지내려면 어떻게 행동해야 하고…….

이런 일들을 겪어본 사람들은 아주 많아. 대체로 우리보다 나이가 많은 사람이겠지. 적어도 우리보다 오래 살았으니까, 밥을 먹어도 한 끼를 더 먹었을 거 아니겠어? 그럼 우리들은 그 사람이 이미 겪었던 실수를 처음부터 반복할 필요가 없어. 그 사람들의 경험담을 잘 듣고 그대로 따라하든지, 그렇게만은 하지 않든지, 어쨌든 0이 아닌 곳에서부터 출발할 수 있는 거야.

물론 그 사람들이 꼭 우리보다 나이가 많을 필요는 없어. 마흔 살이 되도록 방 밖으로 한번 나가본 적 없이 컴퓨터 게임만 줄곧 해댔던 사람이 있을 수도 있고, 스무 살을 갓 넘겼지만 막노동부터 각종 아르바이트와 좋은 대학교, 상류층의 생활, 해외 자원봉사까지 다 겪어본 사람이 있을 수도 있지. 어쨌거나 나보다 경험이 많으면 돼. 그러면 그 사람은 내 '인생 선배'야. 그래서 그 사람이 지금 성공적인 인생을 살고 있는지 그렇지 않은지는 그다지 중요하지 않아. 어쨌든 그 사람은 나보다 많이 겪어봤을 테니까. 정말 처절하게 실패한 사람이 있다면, 나는 그의 경험을 듣고 '그렇게 하면 안 되겠다'

는 생각을 할 수 있어. 그것 역시 0을 지나서 출발하는 거야.

이런 마음가짐으로 이런저런 사람들을 만나봐. 대부분의 경우 '그렇게 하면 안 되겠다'는 생각을 하게 만드는 경험을 한 사람들은 너희들한테도 '그렇게 하지 말라'고 조언할 거야. 또는 '이런 경우에는 이렇게 하는 게 좋겠다'는, 자기 경험과는 반대되는 조언을 해줄 수도 있고. 어쨌거나 이 사람들의 이야기를 듣다 보면 전혀 생각지 못했던 시나리오가 머릿속에 떠오르면서, 갖고 있던 고민들이 많이 해결되는 것을 느낄 거야.

물론 스스로 겪어보고 실패해보고 성공해보기도 하면서 얻는 경험은 더 가치가 있어. 아주 실감 넘치고 절대 잊어버리지 않으니까. 또한 다른 인생 선배들이 얻어내지 못했던 새로운 교훈을 너희 자신의 경험에서 끌어낼 수도 있지.

하지만 그렇다고 인생 선배를 찾아가는 게 아무런 의미가 없는 건 아니야. 첫째, 우리에게는 시간이라는 한계가 있어. 사람들이 겪었던 모든 실패와 모든 성공을 살아 있는 동안 다 체험해볼 수는 없지. 둘째, 상대방이 하는 충고를 따르지 않기로 결심하고, 그래서 결국 실패하더라도, 충고를 애초에 듣지 못했던 사람과 듣고 나서도 그 길을 걸은 사람 사이에는 큰 차이가 있어. 애초에 아무런 말도 듣지 못했던 사람은 자기만이 그런 좌절을 겪는 줄 알기 때문에 당황하고, 실패한 것 이상으로 좌절해. 하지만 충고를 들어본 사람은, "아, 실패했네. 정말 일어나는 일이군."이라고 생각하게 돼. 실패할 경우에조차 조금 실망은 하겠지만 미칠 듯이 좌절하지는 않아. 그런 일이 실제로 일어났다는 걸 알고 있기 때문이지. 나 말고도 다른 사람이 똑같은 일을 겪었다는 걸 아니까 말이야.

그리고 또 하나 좋은 건, 옛날에 나한테 충고를 해줬던 사람에 대해서 유대감을 갖게 된다는 거지. "아, 형, 전에는 몰랐는데 정말 그러네요.", "엄마 말이 맞았어요." 이런 유대감을 통해서 사람들은 정말 절망스럽고 아무도 겪지 못한 재앙 같은 일이 닥쳐도, 서로를 의지해서 극복해나갈 수 있는 거야.

Special Tip

인생 선배들은 너희들을 0보다 조금 더 나아간 지점에서 시작할 수 있도록 도와줘. 그 사람들에게 배우거나, 그 사람들과 반대로 행동하거나, 어떤 경우에든 말이야. 심지어 너희들이 그들의 충고를 따르지 않은 결과, 그들과 똑같은 실패를 하게 되더라도, 그 사람을 이해하고 깊은 유대감을 가질 수 있어. '인생 선배'라는 존재를 여기저기에 만들어봐.

책 속에 길이 있다는 말, 진짜야

이건 사실 앞 장과 이어지는 말이 되겠네. 앞 장을 읽고 '인생 선배'를 찾아가는 게 꽤 쓸모가 있겠다 싶은 사람들은 아마 책 속에 길이 있다는 말도 쉽게 이해할 수 있을 거야. 책이란 사실, 인생 선배들 중에서 너희들에게 직접 찾아가 말을 걸 처지가 못 되는 사람들이 너희한테 간접적으로 말을 거는 방법이니까 말이지. 뭐, 저자가 이미 죽었다거나, 아니면 외국인이라거나, 그런 건 아니지만 너희들을 직접 보고 말을 걸 수 있을 만큼 잘 아는 게 아니라거나. 따지고 보면 나도 그런

저자들 중 하나일 수도 있고. 하하.

사실 앞 장에서 말했던 '인생 선배 찾아가기'보다도 책 읽기가 더 쉬울 수도 있어. 너희들에 대해서는 내가 잘 모르지만, 적어도 나 같은 경우는, 어렸을 때 사람보다 책이 훨씬 편했거든. 만약 어린 시절의 나처럼 수줍은(?) 성격인 친구가 있다면, 앞의 이야기를 읽으면서도 공감은 되지만 용기가 안 났을 거야. 대체 뜬금없이 누구를 찾아가라는 거지? 그 사람들한테 쑥스럽게 어떻게 마음속 깊은 곳의 고민을 이야기하라는 거지? 외향적이고 사람들과 쉽게 어울리는 친구들은 이해하지 못할지도 몰라. 하지만 정말 그게 힘든 사람들도 있어. 그런 사람들에게는 책이라는 게 아주 훌륭한 '인생 선배' 노릇을 할 수 있고.

아, 물론 아무 책이나 닥치는 대로 읽으라는 건 아니야. 하긴, 그것도 아예 안 읽는 것보다는 낫겠지만. 요즘에는 출판사도 많고, 종이도 많고, 잉크도 많고, 그래서인지는 모르지만 정말 말도 안 되는 책들도 쏟아져 나오더라. 얼마 전 인터넷 뉴스에서 본 건데, 어떤 사람이 《빌린 돈은 갚지 마라》라는 책을 썼대. 그러더니 자기가 쓴 말을 그대로 실천해서, 돈을 안 갚고 버티고 있다가 사기죄로 구속됐다는 거야! 나 원 어처구니가 없어서. 이런 책은 읽지 마.

하지만 그렇게까지 질 나쁜 책이 아니라면, 많이 읽는 게 꽤 도움이 되지. 만화책도 저자가 돈이나 벌려고 오직 자극성만 추구해서 그린 게 아니라면, 어느 정도 선까지 야하거나 폭력적이라 해도 너희들에게 '인생 선배' 노릇을 해줄 수 있어. 이런 상황에서는 주인공들이 이렇게 행동하고, 저런 상황에서는 저렇게 행동하더라. 그 결과가 이렇게 되더라. 뭐, 그런 생각을 해볼 수 있으니까. 그런 면에서는 소설책도 도움이 많이 되지. 특히 명작일수록 좋아. 명작이란 그만큼 오랜 세월 동안 많은 사람들한테 감동을 주었다는 뜻이니까.

감동이라는 감정은 언제 올까? 난 나름대로 '명작'을 써보고 싶어 하는 사람이라, 사람들이 언제 감동을 받는지에 대해서도 많이 생각해봤거든. 틀릴지도 모르지만, 여하튼 지금까지의 내 생각은 이래. 감동이란, 사람들이 소설의 내용을 그럴싸하다고 느끼고, 주인공의 처지를 이해할 때만 생겨. '아, 나라도 저랬을 거야.', '정말이지 내 얘기 같군.' 이런 느낌이 없다면, 주인공이 무슨 행동을 하든 대부분의 사람들은 '뭐야, 이 X 같은 놈은?' 이라는 생각만 하지.

그렇다면 뒤집어 말해서, 오랜 세월 동안 많은 사람들에게 감동을 준 작품들은 사람들로 하여금 '아, 이 소설 이야기는 정말 내 얘기 같다.', '이건 정말 있을 법한 이야기다.' 라는 생각을 하게 만든다는 거잖아? 또 바꿔 말해보면, 너희들이 미처 느껴보지 못한 감정을 '명작'이라 불리는 작품들이 다루고 있다면, 그래서 명작을 읽고 새로운 경험을 한 듯한 느낌을 받는다면, 그 작품을 읽고 감동을 받았던 많은 사람들이 해주고 싶었던 말을 명작을 통해 듣고 있는 게 아니겠어?

뭐, 명작 중에서도 안 그런 작품들이 있긴 하지. 나로서는 왜 명작이라 부르는지 모르겠지만, 뭔가 기괴하고 현실 세계에서 절대 일어나지 않을 것 같은 일들을 다루는 책들도 많이 있어. 하지만 문학은 '삶의 진실'을 다루는 거라고 하잖아? 문학 비평이나 강의를 들으면서 작품의 이면에서 작가가 말하려고 했던 게 뭔지 알아내는 방법을 배운다면(놀랍게도, 그런 방법들을 사람들이 계발해냈고 더욱 발전시키고 있어), 전혀 모르는 인생 선배의 경험담을 들을 수 있는 거지. 굳이 그 사람과 친해지거나 그 사람에게 우리의 비밀스러운 경험 및 고민거리들을 모조리 말해주지 않더라도 말이야.

또 하나, 책이 우리 주변의 인생 선배보다 나은 점도 있어. 그 사람들만큼 와 닿지 않을지는 모르지만, 어쨌든 좋은 책을 쓴 사람들은 주변의 인생 선배들보다 많은 일을 겪은 사람일 가능성이 높거든. 누군가가 자기가 겪지 않은 일에 대해서 정말 그럴싸하게 지어내 다른 사람들의 공감을 끌어낼 수 있다면 그건 정말 그 사람이 천재인 거지만, 사실 난 불가능하다고 생각해. 어떤 경험을 하더라도 그걸 통해 글을 써낼 만큼 그 경험을 깊이 있게 겪어봤고, 그런 건 아니지만 남들이 잘 하지 못하는 일을 해내서(예컨대 자전거를 타고 세계 일주를 한다거나) 거기에 대해 말하고 싶어 하는 사람이라면, 주변의 인생 선배조차 겪지 못했던 일들에 대해서 너희들에게 조언해줄 수 있을 거야.

뭐, 이건 좀 다른 얘긴데, 문학이 주는 감동은 뭔가 더 짜릿한 면이 있기 때문에 난 문학작품을 읽는 것이 가장 좋다고 생각해. 하지만 문학 작품이 아닌 책들을 읽는 것도 엄청난 도움이 되지.

예를 들자면, 내가 쓰고 있는 이 글이 될 수도 있고. 하하. 게다가 이 책 말고도 너희들에게 도움을 주고 싶어서 이런저런 사람들이 쓴 다른 책이 많이 있지. 또 역사책도 있고. 역사책은 그야말로 과거에 실제로 있었던 일에 대해서 쓴 거니까, 다른 사람의 인생 경험을 들여다보고 싶은 속셈이라면 그처럼 안성맞춤인 게 없어. 수학책이나 과학책, 각종 희한한 지식을 담은 책들도 큰 도움이 되지. 그 책을 지은 사람들은, 어쨌든 자기들이 다룬 지식에 대해 잘 알고 있는 사람일 테고, 그 방면에서 경험이 많다는 얘기거든. 우리가 그 사람들의 책을 단지 한 번 읽는 것으로써 그들이 타고난 재능으로 발견했던 일들을 그대로 흡수할 수 있다면, 엄청난 이득 아니겠어?

물론 책을 읽는 것이 때로는 머리 아픈 일이 될 수도 있어. 나처럼 가만히 있는 걸 좋아하는 사람이야 책 보는 것도 즐겁지만, 활동적인 친구들은 답답해서 어떻게 하루에 몇 시간씩 보고 있느냐고 하더라고. 그런 사람들은 굳이 억지로 책을 읽지는 마. 책을 읽는다는 행동 자체가 중요하다기보다는 책을 통해 얻고자 하는 결과가 중요한 거니까.

하지만 내 이야기를 읽고 책이 나름대로 쓸모가 있다고 생각했다면, 단지 지겹기 때문에 책을 놓아버리는 것은 좀 섣부른 선택이야. 그냥 생각날 때마다 잠깐씩, 좋아하는 내용을 위주로 읽어봐. 내 말은 책을 아예 읽지 말라는 게 아니라, 지겨워서 짜증이 솟구치면 억지로 붙들고 있지 말라는 거야. 재미있게 느껴질 때 책을 보면서 조금씩 그 시간을 늘리다 보면, 공부를 호감으로 만들 듯 책도 호감형으로 바꿔서 친해질 수 있을 거야.

책은 인생 선배와 같은 역할을 해줘. 너희들이 수줍은 성격이거나 주변에 인생 선배로 삼을 만한 사람이 없는 경우라면 책이 아주 큰 도움이 될 거야. 하지만 그렇지 않은 경우라도, 책을 쓴 사람들, 특히 명작을 쓴 사람들은 경험을 깊이 있게 했거나 남들이 못한 경험을 해본 사람들이기 때문에 주변의 인생 선배보다 더 좋은 조언을 해줄 수도 있어.

혼자만의 영역을 만들어봐

여태까지 인생 선배를 찾아다니고 책을 읽으면서 다른 사람들 얘기를 잘 들어보라더니 갑자기 웬 혼자만의 영역이냐고? 글쎄, 얼핏 생각하면 혼자만의 영역을 만드는 것과 다른 사람들의 얘기를 잘 듣는 건 전혀 관계가 없는 일이지. 하지만 조금 더 깊이 생각해보면, 두 가지는 서로 보완해주는 역할을 할 뿐만 아니라, 하나가 없으면 다른 하나도 존재할 수가 없어. 말하자면, 혼자만의 영역이 없는 사람은 남의 말을 제대로 들을 수가 없고, 남의 말을 제대로 듣지 않는 사람은 혼자만의 영역도 만들 수가 없는 거지.

대체 무슨 피콜로 더듬이 빠는 소리냐고?

글쎄……. 너희 일이라 생각하지 말고, 다른 사람 일이라고 한번 생각해보자. 어떤 애가 찾아와서 개랑 대화를 하는데, 너희들이 뭐라고 말하든 간에 개는 그냥 "어, 맞아.", "정말 그래.", "진짜야.", "응." 이런 말만 계속한다고 쳐봐. 한두 번만 그러는 게 아니고 만날 때마다 그렇게 말해. 심지어 너희들이 뻔히 틀렸다는 걸 알면서 괜히 심술궂게 하는 소리에도 무조건 맞장구만 쳐. 그러면 무슨 생각이 들까?

물론 처음에는 좋은 기분이 들 수도 있어. 내가 하는 말에 동의해주는 사람이 있으니까 내 생각에 그만큼 자신감도 생기고. 그런데 그런 일이 계속 반복되면 의심이 생기기 시작하지. 처음에는 '얘가 내 말에 무조건 동의를 하다니, 날 좋아하나?' 하는 생각이 들 수도 있을 거야. 그러다가 그 정도가 좀 더 심해지면 이런 생각이 들지. '대체 얘는 내가 무슨 말을 하고 있는 건지 제대로 듣기는 하는 건가?'

이런 의심은 언젠가 폭발하게 되어 있어. 너희에게 항상 맞장구치던 그 녀석이, 너희한테만 그러는 게 아니라 다른 모든 사람들한테도 그러고 있는 걸 목격하는 순간에 말이지. 그렇게 되면 더 이상 그 사람을 믿을 수 없는 거야. 믿을 수 없는 사람하고는 우정도 사랑도 쌓기가 힘들지.

셰익스피어가 쓴 《햄릿》에도 사람들을 조롱하는 내용이 나와. 아래는 햄릿 왕자가 간신배 폴로니어스와 대화하는 장면이야.

햄릿 : 낙타 모양의 저 구름이 보이는가?

폴로니어스 : 아, 정말 낙타 같군요.

햄릿 : 족제비처럼 보이는데?

폴로니어스 : 네, 등 모양은 꼭 족제비 같군요.

햄릿 : 아냐, 고래 같네그려.

폴로니어스 : 네, 고래와 아주 흡사합니다.

그다음에 햄릿이 혼잣말로 뭐라고 하는 줄 알아?

햄릿 : 나를 바보 취급하는군. 아, 참으로 견디기 힘든 고통이여.

이 경우에 폴로니어스는 햄릿의 말을 '경청'하고 있는 걸까? 아, 물론 황희 정승 같은 사람도 있어. 너희들도 그 이야기를 다들 알 거야. 계집종 언년이가 황희 정승에게 쪼르르 달려와서 "대감마님, 억울합니다! 제가 여차여차했는데, 돌쇠가 여차여차해서……. 돌쇠가 잘못한 것 맞죠?"하니까 황희 정승이 "허허, 네 말이 옳구나."하지. 그러자 옆에 있던 돌쇠가 "아닙니다요, 대감마님! 사실은 자초지종이 이러이러하여, 제가 이러저러했는데……. 제겐 잘못이 없지요?"하니까 황희 정승이 또 "허허, 네 말이 옳구나."

그러자 이 모습을 보고 있던 부인이 그랬지. "아니, 대감! 두 사람이 서로 다른 말을 하는데 언년이도 옳다 하고 돌쇠도 옳다 하시니, 이건 틀린 것 아닙니까?" 그러자 황희 정승이 또 "허허, 듣고 보니 부인 말도 옳구려!" 했다는 얘기 있잖아.

그런데 황희 정승의 모습에서는 간신배의 비굴함이 안 느껴지잖아? 아주 자애롭고 인자해 보이지.

사실 자애롭고 인자한 건 오직 당당하고 자기 주관이 뚜렷한 사람만이 취할 수 있는 행동이야. 생각해봐. 황희 정승은 자기 부인이나 종들이 무서워서, 그 사람들의 기분을 상하게 할까봐 두려워서 아무 생각 없이 의견에 동조한 게 아니야. 오히려 이 사람의 말과 저 사람의 말에서 모두 이치에 맞는 부분을 찾아낼 수 있었고, 그처럼 작은 갈등을 해결하는 데에는 시시비비를 명백히 가리는 것보다도 둥글게 화해시키는 것이 좋은 방법이겠다는 생각을 한 것일 테지.

이 정도의 통찰력도 없이 누가 무슨 말을 하든 고개를 끄덕거려준다면, 그건 자애롭거나 인자한 게 아니라 그냥 비굴한 거야. 상대방도 그걸 알지. 나의 고분고분한 태도에 좋아할 것 같지만, 사실 그렇지 않아. 가장 좋은 경우에는 나를 불쌍하다고 여기고, 가장 최악의 경우에는 나를 우습게보고 무시하고, 심지어 이용하지.

그런데 완전히 반대의 경우도 생각해볼 수 있어. 혼자만의 세계에 너무 집중한 나머지 남의 말에는 무조건 반대하고, 다른 사람이 무슨 말을 하든 고집불통으로 듣지 않는다거나, 어떤 말을 들려줘도 겉으로만 받아들이는 척하고 속으로는 딴 생각을 하고 있거나, 뭘 얘기해도 자기 멋대로 해석하는 사람의 경우를 떠올려보자고.

글쎄, 너희들도 겪어봤는지 모르겠는데, 살다 보면 별다른 이유 없이(아니면 단지 내가 그 이유를 모르는 것이겠지) 너희를 무조건 좋아하거나 싫어하는 사람이 있어. 그런 사람들하고 같이 일을 하다 보면 딴 걸 다 떠나서 무지막지하게 답답해. 모든 걸 다 나와의 관계와 연결 지어서 생각하거든. 예컨대 카레를 먹고 싶어서 "오늘 저녁에 카레를 먹자!"고 말하면, "내가 카레를 싫어하는 것을 알면서도 그렇게 말하다니, 싸우자는 거냐?"라는 식으로 반응을 하거나, "내가 카레를 싫어하는 것을 알면서도 그렇게 말하다니, 내가 널 좋아한다는 걸 알고 일부러 멋대로 행동하는 거니?"라는 식인 거지. 그 사람은 자기 세계도, 내 세계도 오직 자기와 나와의 관계로만 생각하기 때문에 다른 말을 할 수가 없어.

그런데 꼭 인간관계에만 이런 게 있는 건 아니야. 어떤 사람들은 모든 걸 다 사회정의와 관련시켜서 생각하려고 들고, 어떤 사람은 모든 걸 다 핑크색 사랑의 기운으로 채색하려고 들어. 그래 놓고 자기 기준에 맞지 않는 사람이 등장하면 그 사람이 무슨 말을 해도 들으려고 하질 않아.

어떤 사람은 사회정의에만 너무 매달려 있어서, 누가 연애를 하거나 여자 친구를 만들면 "이 배신자!"라면서 욕을 해. "난 사랑도 중요하다고 생각해."라고 말하면, "넌 단지 용기를 잃었을 뿐이면서 스스로에게 변명을 하는 거야!"라고 화를 내지.

보다 흔한 경우로 이런 게 있어. 부모님과의 관계나 일을 더 중요하게 여기는 사람이 있다고 하자. 그런데 이 사람의 여자 친구는 세상을 오직 낭만적인 기준으로만 파악하고 있기 때문에 "넌 정말 나쁜 남자야!"라는 말만 계속 해대. 남자가 "그게 아니야. 난 널 사랑하지만, 이번엔 시험공부를 좀 해야겠어."라고 말하면, "나를 만나기 싫은 거지? 핑계 대지 마! 사랑이 식은 거야!"라고 말해.

그래, 그 사람들을 충분히 이해할 수는 있어. 그런 모습이 숭고하거나 귀엽게 보일 때도 있지. 하지만 그런 사람들하고만 평생을 같이 살아야 한다고 상상하면, 나는 생각만으로도 숨이 막힐 것 같아. 물론 나도 저런 아집에서 벗어난 지 얼마 되지 않았고, 언제든 다시 저런 고집불통이 될 수도 있기 때문에 섣불리 말하긴 힘들지만.

난 가끔 이런 생각을 해. 영화의 장르를 뒤죽박죽으로 섞어 놓는다면 어떨까 하고 말이야. 이를테면, 로맨스 영화 '러브 액츄얼리'의 남자 주인공이 배트맨이 된다면 어떨까? 또는 셜록 홈스 시리즈의 주인공으로 영구를 집어넣는다면? 그렇게 되면 정말 엉망진창이겠지. 그렇다면 우리는 그 주인공들을 비난할 수 있을 거야.

하지만 인생은 영화도 아니고, 장르가 나뉘어 있지도 않잖아. 때에 따라서 연애를 할 수도 있고, 일을 할 수도 있지. 그러니까 각각의 경우에 맞는 주인공의 모습을 보여줘야 하지 않겠어?

하긴 나도 엄청나게 고집이 센 편이야. 주변 사람들은 내가 느끼지도 못하는 사이에 나한테 짜증을 내고 있을 수도 있겠지. 하지만 저런 정도의 유연성조차 갖추지 못했다면 나는 정말 친구가 없었을 거야. 더구나 "이건 내 개성이야! 그러니까 내버려둬!"라는 식의 태도를 보였더라면 더더욱 말이지. 특히 나와 '다른' 친구는 단 한 명도 없었을걸? 나한테 동의하는 사람들만 있기 때문에, 나는 죽을 때까지 내가 옳다고 생각할 거라고. 말 그대로 혼자가 되는 거야. 어차피 세상을 혼자 사는데, '혼자만의 세계관'이 무슨 소용이 있겠어? 모두가 장님일 때는 장님이라는 게 아무 단점도 되지 않는 것처럼, 정말 혼자라면 그 사람이 혼자만의 세계관을 갖고 있다는 것도 아무런 의미가 없단 말이야. 그건 주체성이 아니라 고립이지.

여기서 퀴즈 하나. 두 경우 모두에 문제가 되는 건 뭘까?

정답은 두 경우 모두 '나는 남과 다르다.', '나는 남과 같다.' 등등, 오직 '남'에 대해서만 생각하고 있다는 거야.

강박적으로 개성을 추구하는 사람은 결국 남을 의식하는 것밖에 안 돼. 그건 '날 좀 사랑해주세요.'라는 어리광이 조금 모습을 바꾼 거야. 진짜 개성은 그렇지 않아. '내가 누군지' 생각하고, 그보다 더 중요하게는 '내가 지금 처해 있는 상황이 뭔지, 이 상황을 어떻게 처리하는 게 가장 내 이상과 맞을지' 생각해.

너희들을 구성하는 요소 중의 대부분은 너희가 처해 있는 상황과 거기에서 내리는 너희들의 판단이야. 매번 생각하고, 매번 결정을 내려. 결정을 내리는 데에 다른 사람들의 의견이 도움이 될 테니, 그들의 의견에 항상 귀를 기울여. 그 결정들이 쌓이고 쌓이면 너희들만의 사고관, 세계관, 영역이 되는 거야. 어떤 친구는 TV에 나오는 어떤 연예인 캐릭터와 닮았고, 그 연예인이 독특한 캐릭터이기 때문에 개성 있다고 생각되지? 그건 개성이 아니야. 어쨌든 그 연예인하고 닮았잖아.

또 어떤 친구는 얼핏 보기에는 그냥 평범한데 만날수록, 뭔가 꼬집어 말할 수는 없지만 '얜 좀 특이한데.'라는 생각이 들 때가 있어. 아무리 만나도 알 수가 없고, 알았다고 생각하면 양파 껍질 까듯이 그 뒤에 또 새로운 모습이 나오고. 그게 개성이야. 정말 개성을 가진 사람은, 그렇게 '꼬집어 말할 수 없는' 구석을 갖고 있을 수밖에 없지. 그 사람만이 갖고 있는 특징이기 때문에, 옛날에 만나본 어떤 사람과도 비교할 수 없고, 그렇기 때문에 그 특징이 대체 뭔지 정의할 수가 없는, 그런 게 진짜 개성 아니겠어?

그걸 갖도록 해봐. 남들과 달라지려고 하지도 말고, 남들과 비슷해지려고 하지도 마. 남들이 밥 먹여주나? 밥 먹여준대도, 사람이 밥만 먹고 사나? 너희들한테 중요한 건 '남'이 아니야. '남'을 판단 기준으로 삼지 말고, 그 이상의 것을 봐. 이를테면, '진짜 옳은 게 뭔가?'라든지, '진짜 폼 나는 게 뭔가?'라든지, '진짜 사랑은 뭔가?'라든지, '진짜 영리한 건 뭔가?'라든지, '진짜 성공은 뭔가?', '진짜 행복은 뭔가?', '진짜 강함은 뭔가?' 등등. 많잖아? 뭘 고르든 '진짜 남들과 비슷해지려면 어떻게 해야 하는가?'나 '진짜 남들과 달라지려면 어떻게 해야 하는가?' 이런 기준보다는 훨씬 폼도 나고, 쓸모도 있지.

하긴 뭐, 이런 말을 하는 것 자체가 "남들과 달라져라."고 말하는 것처럼 들릴 수도 있겠다만. 어쨌든 요점은 그게 아니야. 내 말은, 개성은 가지려고 할 때 생기는 게 아니라는 거지. 그냥 너희 나름의 기준을 갖고 살다가, 너희랑 비슷한 기준을 갖고 있는 사람을 만나면 그런가보다 해. 그렇다고 너희 자신과 그 사람의 차이점을 찾아 미친 듯이 노력할 필요는 없지. 맞는 행동을 하는 거라면, 내가 좋다고 생각하는 대로 하고 있는 거라면, 굳이 남이랑 다를 필요가 있나? 그런데도 불구하고 이게 왜 '혼자만의 세계'가 되냐 하면, 아직 나도 햇병아리긴 하지만 그래도 살다 보니까 내 기준을 갖고 살면 개성이 있어지는 것 같더란 말이야. 우연히도 말이지.

혼자만의 세계를 가져봐. 그건 무조건 남들이 하는 반대로 하라는 말이 아니라, 너희가 바람직하다고 생각하는 기준을 세우고, 그 기준에 따라서 매번 너희가 처한 상황에 대해 판단하라는 말이야. 그러면 굳이 개성을 가지려고 노력하지 않아도 저절로 그렇게 되더라고.

그동안 안 해본 일을 틈틈이 해봐

생각해보면 엄청나게 지겨운 시간일 수도 있지. 초등학교 6년, 중학교 3년, 고등학교 3년. 노래 '네모의 꿈' 가사처럼, 네모난 학교에 네모난 가방, 네모난 시험지, 네모난 도시락, 네모난 책상, 네모난 태극기, 온갖 네모난 것들에 둘러싸인 채로 12년을 보내야 하다니. 12년이면, 사람이 100년을 산다 쳐도 12%나 되는 엄청난 비율인데.

노는 것도 그래. 네모난 운동장, 네모난 TV, 네모난 컴퓨터, 네모난 영화관, 네모난 노래방⋯⋯.

그래. 사실 '지겹기도 한' 게 아니라 상당히 지겨워. 물론 그 지겨움에 익숙해지면 그 안에서 또 나름대로의 변화와 설렘을 찾으면서 기뻐할 수도 있지만. 나도 그랬거든. 그 지겨운 학교 안에 갇혀 있으면서도 매일매일 새로운 걸 발견해내곤 했지. 학교 뒤뜰에 청설모가 나타나기도 하고, 친구들과 노는 것도 재미있고, 다 같이 모여서 밤을 새우며 공포 영화를 보는 것뿐이지만 단합 대회도 정말 즐거운 추억이었어.

근데 냉정히 보면, 어쨌거나 학교 안에만 갇혀 있는 건 꽤 지겨운 면이 있어. 학교에 있을 때는 모르는데, 학교를 벗어나보면 알게 되지. 나름 범생이로 살았던 난 대학교에 와서 그 사실을 처음 알았고.

세상이 있잖아, 정말 넓다, 얘들아. 하하. 온갖 사람들이 다 있고, 온갖 일들이 중구난방으로 터지고, 고민도 다양하고, 해결책도 다양하고, 심지어 풍경조차 얼마나 다른지 모르겠어. 특히 여행을 하면서 난 그런 걸 많이 느꼈지. 고등학교를 졸업하기 직전, 마지막 방학에 터키에 갔는데, 그때 나는 '하늘'도 다양하다는 걸 느꼈어. 터키는 우리나라와 달리 엄청나게 넓은 고원지대거든. 그러니까 평원이 위로 불쑥 솟아 있다고나 할까? 나라 전체가 하늘하고 가깝고 바다와 먼 거야. 그러다 보니 구름이 정말 신기하게 보여. 학교를 다니면서 가끔 창문 밖으로 하늘을 볼 때는, 그 하늘이 네모난 게 아닐까 착각할 정도로 하늘에 대해서 몰랐지. 네모난 창문 뒤에서 구름이 한 덩이 한 덩이 무리 지어 떠 간다고 생각했어. 그런데 터키에서 보니까, 구름 위에 구름이 있고 그 위에 또 구름이 있더라고. 구름은 한 덩이가 아니고, 하늘에 붙어 있는 종잇조각이나 솜뭉치 같은 것도 아니야. 구름에 넓이만 있는 게 아니라 부피가 있더라니까. 너희는 혹시 알고 있었는지 모르겠다. 하하.

아무튼 나는 그때 그걸 처음 봐서, 정말 엄청나게 신기했어. 그런 모습을 보고, 터키 사람들이 살아가는 여러 가지 모습을 짧은 시간이나마 구경해보고, 충격을 받아 생각했지. '난 정말 아무것도 모르는구나.'

그렇게 나는 여행을 또 몇 번 가봤어. 동유럽도 가보고, 일본도 가보고. 아마 터키가 내 첫 여행지라 그럴 테지만, 그만큼의 감동은 없었지. 하지만 정말 여행에서는 얻는 게 많았어. 내가 아무것도 모른다는 생각, 세상이 정말 넓다는 생각을 계속 하게 됐지. 사람들은 정말 다양한 모습으로 살고, 저마다 자기가 아는 것이 가장 중요하다고 생각하며 살아. 그런데 모두가 그렇기 때문에, 그중에 무엇이 제일 중요한지는 몰라. 바로 그거야. 우린 '모른다'는 점을, 여행을 통해 배울 수 있어.

하긴, 내가 아무리 말해봤자 소용없을 거라고 생각해. 내가 학교를 다닐 때도 사람들이 다 여행하는 게 중요하고, 여행을 가면 많은 것을 배울 수 있다고 말했거든. 그런데 들으면서 속으로는 '아, 정말 그럴듯하다. 나도 꼭 여행을 가보고 싶다.'는 생각이 들기는 했지만, 그 충격이 이 정도일 줄은 몰랐고, 정말로 '내가 모른다'는 사실을 이렇게 깊이 배울 수 있을 줄도 몰랐어. 그러니까 너희들도 꼭 한 번 여행을 가봐. 해외여행도 좋지만, 친구들과 계획을 잘 짜서 가까운 곳으로 여행을 가는 것도 좋지. 이태원에서 이슬람 사원인 모스크에 한번 들러보는 것도 좋고, 인천의 중국인 거리에 가보는 것도 좋아. 이래봬도 구석구석 볼 게 많은 우리나라니까.

여행은 굳이 우리가 생각하는 방식으로만 할 수 있는 것은 아니야. 그러니까 짐 싸 들고 어디 먼 곳으로 떠나는 것만이 여행이 아니라는 말이지. 너희들이 하는 일상적인 일에서 벗어난 모든 것이 여행이 될 수 있어. 일상에서 벗어난 모든 일은, 직접 해보면 '아, 이런 일도 세상에 있구나!', '난 정말 세상을 몰랐구나.'라는 생각을 하게 해주고, 마음을 열어주고 사고력을 키워주니까.

예를 들자면, 동사무소 청소를 해서 자원봉사 확인서를 받을 수도 있지만, 기왕 하는 거 장애인들을 돕는 일이나 다 같이 나무를 심으러 가는 일을 해볼 수도 있지. 태안에 기름이 유출되었을 때 기름을 닦으러 가볼 수도 있었을 거고. 이렇게 말하는 나는 학교 다닐 때 봉사활동 한번 제대로 안 해봤지만, 지금 생각하니 너무 후회가 되어서 뒤늦게 이것저것 해보려고 하고 있거든. 몇 번 해보지는 않았지만, 그런데도 느끼는 게 많아.

학교 공부와 병행하려면 현실적으로 좀 어렵겠지만, 아르바이트를 해보는 것도 나쁘지 않은 경험이지. 인터넷에 찾아보면 일이 있을 때 문자로 연락을 넣어주는 서비스가 있거든. 하루만 하면 되는 일들은 가끔 해보면 삶의 활력을 느낄 수도 있지. 예를 들어서 나는 물류 센터에서 화물 내리는 일을 딱 한 번 해봤는데, 사람들이 그렇게 와인을 많이 마신다는 걸 처음 알았고(그 드높고 넓은 창고에 그득그득 쌓여 있는 와인 박스들이라니!), 고급 소파와 의자가 판매되기까지 그걸 만드는 사람들뿐만 아니라 옮기는 사람들 또한 얼마나 많은 고생을 해야 하는지 새삼 깨달았어.

또 한 번은 아는 선배를 따라서 어느 정당의 회의에도 참석해봤어. 정당을 찾아보면, 일반 사람들이 참여해서 꾸려가는 위원회 같은 게 있거든. 거기에도 진짜 별의별 사람들이 다와. 난 거기서 처음으로 아무런 보수도 받지 않고 다른 사람들의 일을 돌봐주는 변호사가 있다는 걸 알았어.

방송국 같은, 어딘지 알지만 가본 적은 없는 곳에 가보는 것도 좋은 경험이 될 거야. 찾아보면 은근히 가볼 기회가 많아. 나 같은 경우에는 골든벨 특집에 나갔던 적이 있지. 방학 특집으로, 학교에 상관없이 인터넷을 통해 선발된 애들을 대상으로 하는 골든벨을 했던 적이 있거든. 뭐, 3번 문제에서 떨어지긴 했지만 말이야. 하하. 어쨌든 재미있었어. 카메라도 보고, 아나운서들도 보고.

아니면 너희들 친구 중 아무에게나 부탁해서 그 친구가 아는 다른 친구를 소개해달라고 해봐. 뭐, 너희들이 고등학교에서 사귄 친구라면, 그 친구의 중학교 친구와 함께 섞여서 놀아보거나 하란 말이지. 그러면 처음에는 매우 어색한데, 좀 지나고 나면 아주 재미있어. 원래 알던 친구에 대해서도 좀더 잘 알 수 있을 거고.

평소에 자주 가던 장소라도 시간을 달리해서 방문해보면 느낌이 색달라. 새벽이나 눈 올 때 혼자 동네를 걸어본 적이 있다면 알 거야. 아주 조용해서 분위기가 다르지. 공기도 다르고. 심야의 학교는 또 이상한 느낌을 줘. 졸업하고 나서 한밤중에 다녔던 고등학교에 가봤는데, 후배들이 그 시간까지 형광등을 켜놓고 공부하는 모습을 보니 뭔가 찡하더라. 매번 봐왔던 익숙한 장소인데, 아마 내 입장이 바뀌어서 그랬겠지.

어쨌든 나와 다른 사람을 만나고, 내가 있던 환경과 다른 곳에 가보는 게 정말 중요해.

물론 조금 위험할 수도 있어. 가장 단순하게는, 다른 데에다가 관심을 쏟으니까 성적이 떨어진다는, 아주 현실적인 위험이 있지. 부모님들이 싫어하실 위험이기도 하고 말이야. 그리고 밤거리를 돌아다니다가 범죄자를 만날 수도 있고. 또 어리바리하게 생전 처음 보는 곳에 가서 헤매고 있으면, 아무도 나를 해치려 하지 않을 때조차 나 혼자 다칠 수도 있어. 길을 잃어버린다거나, 지갑을 두고 나온다거나. 이런 위험이 분명히 존재한다는 걸 알아야 해. 너희가 아직 청소년이기 때문이야. 성인이 되어도 위험이 계속 남아 있는 건 마찬가지지만, 어쨌든 너희의 어린 나이를 우습게 알고 공격하는 존재들이 분명히 있어. 그러니까 잘 판단해서 어디까지 여행을 감수할지 결정해. 위에서 말했듯 부모님이나 친구들, 선생님들, 책과 인생 선배들의 의견을 두루 들어보고 말이지.

늘 보던 것만 보던 사람은 늘 같은 생각밖에 할 수 없어. 자기와 다른 사람에 대해서도 까다롭게 굴게 되지만, 자신에 대해서도 편협한 태도를 갖게 돼. 자기가 가진 게 전부라고 생각하기 때문에, 그걸 조금이라도 잃어버리게 될까봐 아등바등하지. 다른 방법으로도 지금 가진 것을, 또는 그보다 더 좋은 것을 얻을 수 있다는 생각을 할 수 없고 어떤 모험도 하지 않아. 자기가 여태까지 해왔던 일에서 실패하면, '아, 이 일에서 실패했구나.'라고 생각하는 게 아니라 '이제 세상이 끝나버렸구나.'라고 생각해. 그래서 그 사람들은 다른 사람들한테도 너그럽지 못한 거야. 나와 다른 무언가가 나를 공격해서 내 세계를 송두리째 무너뜨릴지도 모른다고 생각하는데, 어떻게 넉넉하게 웃을 수 있겠냐?

게다가 가장 큰 문제는 그런 태도가 '틀렸다'는 거지. 내가 아무리 세상은 내 주변밖에 없다고 생각하고 평생을 살더라도, 정말 세상이 내 주변만으로 축소되는 건 아니거든. 세상이 넓다는 걸 내가 모를 때조차, 누군가는 그 사실을 분명히 알고 그 넓은 세상에서 살아가고 있어. 그 사람이 넓은 세상에서 이룩해놓은 일들은, 내가 인식하지도 못하는 사이에 나한테 영향을 미치기도 해. 내가 손쓰지 않았는데, 무슨 일이 벌어지는지도 인식하지 못하는 사이에 뭔가가 계속 벌어진다면, 나는 당황하고, 내가 아는 몇 가지 안 되는 방법으로 대처해보려 하다가, 그게 잘 먹혀들지 않으면 절망하게 되겠지.

그런 일을 당하기 싫어서 "세상아, 좁아져라!" 하고 아무리 외쳐봤자 되지 않아. 지구는 옛날부터 엄청나게 컸고, 옛날하고 비교하면 사람들이 정말 많이 늘어났으니까.

그래서야. 아무리 학교 공부가 중요하더라도 매일 같은 일을 반복하는 건 정신 건강상 좋지 않으니까, 가끔은 다른 일도 할 필요가 있어. 또는 공부를 하다가 남는 시간이 있으니 그때를 활용해. 여행을 가도 좋고, 잠시 아르바이트를 해도 좋고, 새로운 사람을 만나보는 것도 좋아. 조심해야겠지만 경험 자체를 피하지는 마. 만일 정말 시간을 낼 수 없다면 고등학교를 졸업한 뒤에 이런저런 기회가 많이 있을 테니, 그때 피하지 않으면 돼.

그런데 안전한 것을 원하고, 앞으로도 계속 그럴 것이고, 그렇지 않더라도 여러 가지 형편이 넉넉지 않아서 굳이 일상을 깨뜨리는 일을 할 수가 없다면, 일상의 범위 내에서도 여행을 해볼 수가 있어.

평소에 안 하던 일을 한번 해봐. 나는 어머니가 하시는 일을 엄청나게 안 도와드리기 때문에 가끔 설거지를 해보는 건 나한테 있어서 일종의 여행이지. 또는 난데없이 뭔가 이벤트를 해본다든지, 프라모델을 조립해본다든지.

어떤 경험이든 일상에서 벗어난 경험은 신선해. 그 신선함은 무언가 생각할 거리를 던져주지. 생각은 사람을 크게 해줘. 적어도 세상이 넓다는 걸 알게 해주지. 넓은 세상에 사는 사람은 좁은 세상에 사는 사람보다 많은 걸 갖고 있기에, 그만큼 여유롭고 실패에서 회복하는 속도도 빨라. 그러니 세상을 넓게 보고, 틈틈이 이런저런 일들을 해봐.

뭘 하든 최선을 다해서 도전해

세상을 넓게 보고 이것저것 경험해볼 생각이 들었다면, 너희들이 명심해야 할 점이 있어. 여러 가지를 경험하는 건 좋은 일인데, 뭘 하든 열심히 해야 한다는 거야. '나는 지금 일상에서 떠나 여행을 하는 셈이니, 대충 구경하는 셈치고 이것저것 겪어보자'는 태도이면 안 된다는 거지.

예를 들어서 동물원에 간다고 쳐봐. 소풍을 갈 수도 있고, 뭐 다른 이유 때문에 갈 수도 있지만, 이번에는 '동물'을 보러 갔다고 해보자고. 여러 가지 방법이 있겠지. 동물원에서 제공하는 동물원 체험 프로그램에 참여하거나 가이드의 설명을 들으면서 다닐 수도 있을 거고, 그게 아니라면 모든 우리를 대충 훑어보고 지나갈 수도 있을 거야. 각각 장단점이 있겠지만, 확실한 건 대충 훑어볼 경우에는 '동물들에 대해 알고 싶다'는 목적을 달성할 가능성이 아주 많이 낮아진다는 거지. 더 안 좋은 점은, 정작 너희들 자신은 그렇게 생각하지 않게 된다는 거야. '나는 동물이 알고 싶었고, 그래서 동물원에 갔다 왔어. 그러니 나는 동물에 대해 잘 알아.'라고 착각하게 되는 경우가 생긴다는 거지.

　이걸 사람들 사이의 관계와 인간 세계에서 겪을 수 있는 경험들에 적용해보면, 아주 안 좋은 결과가 도출될 수도 있어. 예컨대 내가 부두 노동자의 삶에 대해서 알고 싶어서, 일일체험으로 인천항에 갔다고 해보자. 그런데 나는 사실 부두 노동자로 일하지 않더라도 충분히 먹고살 수 있기 때문에, 그날 하루 동안 체험을 하면서 주변의 다른 사람들에게 잘 보일 필요가 전혀 없었어. 그래서 주변 사람들의 눈치를 전혀 보지 않고, 대충 농땡이를 부리면서 다른 사람들이 일하는 것을 구경하고, 시간을 다 채운 다음에 대충 일급을 챙겨서 나왔지. 그러면서 이렇게 말하는 거야. "아, 부두 노동자의 삶은 이런 것이군. 바닷바람도 선선하게 불고, 갈매기도 보고……. 뭐,

낭만적이고 좋네."

아주 아니꼬운 태도지. 하지만 더 안 좋은 건, 내가 스스로 부두 노동자의 삶에 대해 안다고 생각하기 때문에 앞으로는 그 세계에 대해 더 깊숙이 이해해보려는 노력을 하지 않을 거라는 점이야. 나는 경험을 얻고 넓은 시각을 얻으려고 일상에서 떠나와 여행을 했는데, 그 결과, 기존의 고정관념만 더 강화시키고 이제는 고치기도 더 힘들게 되는 거지.

하긴, 부두 노동자로 일할 때의 게으른 태도보다도 짧은 기간이 더 문제가 될지도 몰라. 뭘 하든 하루만 해보고 그 일에 대해 판단하는 건 매우 어리석은 태도가 될 테니까. 사실, 어떤 일을 평생 한다 해도 그 일에 대해서 완벽하게 안다고 말하면 오만한 게 되겠지.

그런데 재미있는 사실은, 일에 충실하지 않을수록 점점 더 '나는 이 일에 대해서 다 안다'고 말하게 되고, 점점 더 오만해진다는 거야.

이런 경우를 생각해보면 쉽지 않을까? 아주 흔한 경우니까 너희들도 쉽게 떠올릴 수 있을 거야.

어떤 사람이 있는데 심각하게 게을러. 아무런 일도 하지 않아서 저 상태로 계속 내버려두면 뼈에 무슨 문제가 생기지 않을까 걱정될 정도야. 그런데 그 사람은 항상 태평하지.

"에이, 지금 꼭 그 일을 해야 하나요, 뭐. 우리가 당장 굶어 죽는 것도 아닌데요."

그리고 누가 뭐라고 더 나무라면, 이렇게 대답하는 경우도 있어.

"에이, 합니다, 해요! 제가 안 해서 그렇지, 하면 또 제대로 한다니까 뭘 모르시네."

물론 그 사람이 희대의 천재일 수도 있어. 그 모습이 너무 당당해 보여서 주변 사람들은 그에게 정말 뭔가가 있는 줄 알고 심지어 호감조차 가질 수 있지. 하지만 내가 읽은 심리학 블로그에서는 조금 다르게 설명하더라고.

인터넷을 돌아다니다가 우연히 발견한 블로그인데, 그 블로그 주인은 이런 설명을 했지. 즉, 사람들은 누구나 자신을 지키기 위한 심리적 방어막을 가지고 있대. 괜히 남을 의심하는 것은 좋지 않으니까 내 경우에 빗대서 이야기해줄게.

나는 사실 몸이 좀 약한 편이야. 무슨 질병이 있다기보다 그냥 운동을 안 해서 체력이 떨어져. 이 글을 읽으면서 너희들도 계속 느꼈을지 모르지만, 어떤 종류의 운동이든 다 싫어하고 소질도 없어. 그런데 그렇다고 친구들이 다 있는 데에서 "난 운동 못해. 그리고 운동을 무지하게 싫어해."라고 말하면,

솔직히 '가오'가 안 살잖아. 뭐, 안 그럴 수도 있는데, 어쨌든 난 그렇더라고. 일종의 콤플렉스지.

그래서 난 실제로 운동을 좋아하지도 않고 못하는데도 불구하고, 마치 내가 엄청나게 활동적이고 스포티한 사람으로 보이길 바란단 말이야. 대부분의 경우에는 그런 이미지 메이킹이 꽤 먹혀들어가.

전에 한 달 동안 권투를 배운 적이 있는데, 그때 손목 인대가 끊어졌어. 그래서 물리치료를 받으러 병원에 갔는데, 간호사가 왜 다쳤는지 물어봤지. 권투 때문에 그랬다니까 "아아, 어쩐지……. 정말 잘할 것 같아요."라고 하는 거야. 어처구니가 없어서 "네?" 했더니 간호사가 "운동 잘하게 생겼다고요." 하더라고. 그러면 내가 뭐라고 하겠냐? "아, 네. 고맙습니다." 그러는 거지. 그리고 내가 운동에 소질이 없다는 걸 잘 아는 친구들도 일부러 그 사실을 들춰내서 날 못살게 굴려고 하지는 않아서, 평소에 난 이 콤플렉스를 별로 신경 쓸 필요가 없거든.

그런데 언제까지나 그럴 순 없지. 언제나 모든 거짓에는 '뽀록'의 순간이 찾아와. 예를 들어서 친구들하고 가끔 돌아다니다 보면, 뭔가 신체적 능력이 요구되는 게임을 할 상황이 온단 말이야. 당구장에 간다거나, 거리에 있는 펀치 기계를

친다거나 하는 것 말이지. 그럴 때가 오면, 난 자동적으로 나의 빈약한 운동 실력을 감출 전략을 취해. 그게 뭐냐고?

대충 하는 거야! 일부러 '삑사리'를 내는 거지!

그러면서 내가 제대로 하면 이것보다 훨씬 더 잘할 수 있는데 굳이 그럴 가치를 못 느끼니까 대충 한다는 식의 느낌을 마구 풍겨줘. 그렇게 하면 사람들이 아마 뭔가 이상하다는 건 눈치 채겠지만, 굳이 나의 뒤떨어진 운동 능력을 지적하며 시비를 걸어오지는 않거든. 자격지심을 느끼는 정도도 훨씬 덜한 것 같고 말이야. 그러면서 난 스스로 이렇게 생각하게 돼.

'그래, 역시 난 운동신경 자체가 불량은 아니야. 단지 내가 운동을 좋아하지 않고, 그래서 오래 하지 않으니까 다른 애들보다 좀 못하는 것뿐이지. 그리고 사실 운동 그까짓 거, 잘해서 뭐 해?'

이런 식으로 생각해본 사람 많을걸. 굳이 운동이 아니라, 컴퓨터 게임일 수도 있고, 학교 공부일 수도 있고, 악기를 다루는 것일 수도 있지. 자기가 못한다는 사실을 어렴풋이 알고 있기 때문에 일부러 더 대충 하고, 최선을 다하지 않고, 그다음에 결과가 안 좋게 나오면 내가 모자라서라기보다는 열심히 하지 않아서 그랬다고 자기를 위로하면서, 열심히 하지 않은 이유는 그 일 자체가 별로 쓸모없는 일이었기 때문이라고 생각해버리는 거지.

뭐, 정말 쓸모없는 일이라면 그렇게 해도 나쁘지는 않을 거야. 우리가 모든 일을 다 잘할 수는 없으니까. 그런데 마음속으로, 이 일이 꼭 필요한 일이라는 생각을 갖고 있거나, 꼭 필요하지는 않더라도 해볼 만한 가치가 있는 일이라는 생각이 드는데도 불구하고, 실패가 두려워서 나처럼 자기 정당화를 하면 안 좋아. 내가 겪어봐서 아는데, 그런 식의 사고방식을 갖고 있으면 백날 당구만 쳐도 절대 실력이 늘지 않거든. 잘 치지도 못하는 게 열심히 치지도 않으니 늘 리가 있나?

더 문제는 뭐냐 하면, 자기한테 문제가 있는지 없는지조차 모르게 된다는 거야. 저렇게 말하긴 했지만, 사실 난 내가 당구에 대해 신적인 재능을 갖고 있는데 단지 별로 좋아하지 않고, 그래서 오래 치지 않고, 열심히 치지도 않고, 그래서 당구 실력이 발현되지 않을 뿐이라는 생각을 당구장에 갈 때마다 했거든. 뭐, 전에 한번 마음먹고 열심히 쳤는데도 30밖에 못 쳐서, 이런 환상을 스스로 상당히 깨뜨려버리기는 했지만.

말이 길어졌다. 어쨌든 내가 하고 싶은 말은 이거야. 최선을 다하고, 그래도 실패하면, 물론 좌절감은 있겠지. 하지만 그때는 적어도 내 실력이 어디에 와 있는지 직시할 수 있어. 어딘가로 가고 싶다면 지금의 내 위치부터 알아야겠지. 똑같이 서울에 가려고 해도, 내가 부산에 있으면 북쪽으로 가야 하고 백두산에 있으면 남쪽으로 가야 하는 것처럼. 어찌 보면 좌절감은 발전이라는 건물을 쌓기 위한 가장 기본적인 토대인지도 몰라. 그리고 토대가 될 수 있는 진정한 좌절감은, 오직 최선을 다한 사람만 느껴볼 수 있는 감정이고 말이야.

그리고 뭐, 어때? 위에서도 말했듯 세상은 넓고 할 일은 많다고. 까짓 거 너희들이 잘 못하는 일이 한두 가지 있으면 어떠냐? 그거 말고도 널리고 널린 게 할 일인데. 좌절과 고통은 피하라고 있는 게 아니고, 피하려야 절대로 피할 수도 없어. 누구나 한 번쯤은 인생에서 절망을 느끼게 되니까. 어차피 그럴 거라면, 제대로 써먹는 편이 좋지 않겠어?

Special Tip

최선을 다한다 해도 어쩌면 실패할지도 몰라. 그러면 최선을 다하지 못했을 때보다 훨씬 더 절망하고 좌절하겠지. 하지만 그 참패한 느낌 없이는 내 자신의 위치를 알 수 없어. 내가 어디 있는지 알 수 없다면, 어디로 가야 할지도 정할 수 없지. 그렇게 보면 좌절은 발전의 한 단계일 뿐이야.

때론 혼자보다 여럿이
단합하는 게 좋은 결과를 가져와

　지금의 나에게 '때론 혼자보다 여럿이 단합하는 게 좋은 결과를 가져온다'고 하면, 난 대체로 두 가지 반응을 보일 거야. "당연하지. 누가 그걸 모르나?"라고 하든지, 아니면 "때론 좋은 거라고? 항상 좋은 게 아니고?"라고 하겠지.

　하지만 고등학교 시절만 해도, 아니 사실 대학 새내기 시절까지만 해도 그렇게 생각하지 않았어. 좀더 솔직하게 고백하자면, 지금도 조별 학습이나 팀별 과제의 진행이 산으로 갈 때마다 가끔씩 이런 생각을 해. '더러워서 못해 먹겠네. 차라

리 나 혼자 다 하고 마는 게 낫겠다.'

그래, 나도 인정한다. 저런 느낌이 드는 때가 전혀 없다면 그건 거짓말이겠지. 그리고 저런 느낌이, 때로는 정말 사실 그대로를 나타낼 수도 있어. 어딜 가나 무슨 일을 하려다 보면, 꼭 자기 일을 제대로 못 하는 사람이 있게 마련이거든(그게 나일 수도 있고). 그냥 못 하는 거면 어쩔 수 없다 치는데, 약속 시간마다 항상 늦고 맡겨둔 일은 별다른 사정도 없는데 안 해오고, 그러면서 다른 조원들이 해놓은 일에 대해서는 이러니저러니 꼬투리만 잡고 말이야. 그런 사람과는 정말 짜증이 나서 같이 일할 수 없다는 생각이 들지.

하지만 제군, 그럼에도 불구하고 세상에는 여럿이 일해서 이득을 보는 경우가 훨씬 많아. 하다못해 저런 게으른 '투덜이'들의 불평도 때론 엄청난 도움이 돼. 이 '투덜이'들은 과제가 잘 굴러가든 말든 별 관심이 없기 때문에, 남들은 그냥 덮어두고 지나가고 싶어 하는 문제들까지도 날카롭게 찾아내서 다 드러내놓거든. 거듭 말하지만, 일단 문제점을 발견해야 그걸 고칠 수가 있어. 그런 면에서 이 투덜이들의 불평은 말하자면, 음…… 몸에 나는 열과 같은 거지. 병에 걸렸을 때 열이 난다는 건, 우리 몸에 뭔가 이상이 있다는 신호가 되잖아. 그걸 알고서 병원에 가지. 하지만 열도 나지 않고 아무런 증

상도 없다면, 바이러스가 우리 몸의 중요한 기관들을 다 잡아먹을 때까지 알아채지도 못할 거야.

다른 과는 어떨지 모르겠는데 우리 과에는 팀별 프로젝트가 종종 있거든. 뭔가 연구하고 싶은 주제를 하나 잡아서 조를 짠 다음에, 학기 내내 그 연구를 하고, 보고서와 파워포인트 자료를 만들어서 학기 말에 발표를 하는 거야. 정말 충격적이게도, 대학교에조차 이런 팀별 과제에 이름만 걸어놓고 일은 전혀 하지 않으려는 사람들이 존재해. 이젠 어른이고, 자기가 듣고 싶은 수업을 골라서 듣는 건데도 말이야(이렇게 말하고 있지만, 나도 절대 안 그런다고는 장담 못 해. 음핫핫).

그래 놓고 다른 조원들이 과제를 해서 자료를 거의 다 만들어놓으면 어디선가 불쑥 나타나서 "아, 그런데 이건 좀 틀리지 않나?" 이러면서 우리 발표의 기본을 흔들어놓는 거야. 그러곤 해결책을 제시하지 않고 그냥 사라져버리지.

솔직히 열심히 일한 조원 입장에서는 엄청나게 비위가 상하는 일이야. 하지만 뭐, 좋게 생각하면 그게 그 사람이 할 수 있었던 가장 좋은 역할이고, 그 사람이 충분히 역할을 해내줬다고 생각할 수도 있어. 왜냐하면 그 사람이 미리 지적해준

덕분에 연구의 치명적인 오류들을 고칠 수 있고, 그러면 교수님과 다른 학생들 앞에서 발표할 때 날카로운 질문과 비판을 받더라도 충분히 답변해낼 수 있거든.

잘 생각해봐. 정말 아니꼬운 사람이 팀 내에 존재한다는 사실은 원래 '미리 걸러내서 일을 더 완벽하게 해내기'라는 목적을 잘 수행하는 데에 분명히 도움이 돼. 일을 잘하는 데에는 오히려 나와 껄끄러운 사람이 나와 사이가 좋거나 나와 친한 사람보다 훨씬 뛰어나지. 너희도 아마 경험해봤을 거야.

예를 들어서, 우리 어머니는 아주 요리 솜씨가 좋으신 편이지만, 가끔 가다 어떤 반찬이 정말 짜거나 싱거울 때가 있어. 너희들도 아마 그럴 때가 있을 거야. 그러면 나 같은 경우에는 그냥 맛있다고 하고 먹어. 어머니가 그 요리를 어디 품평회에 내놓으실 것도 아니고, 우리끼리 먹고 말 건데 괜히 기분 나쁘시게 할 필요는 없잖아.

그런데 이런 침묵은, 우리끼리 먹고 말 때는 선의의 거짓말이 될 수 있는데, 음식의 간을 개선하는 데에는 별로 도움이 되지 않아. 만일 어머니가 그 요리를 어느 품평회에 내보내실 생각이었다면, 심사위원들이 "아니, 뭐 이렇게 짠 음식을 가져옵니까?"라고 말하면서 어머니에게 되레 면박을 줄 수도 있는 거지.

그런데 나한테 짠 반찬을 준 사람이 우리 어머니가 아니고, 내가 아주 싫어하는 내 라이벌이었다고 해봐. '식객' 같은 드라마에서 나오는 캐릭터들 있잖아. 그런 놈들이 만일 나에게 요리 맛을 평가해달라고 했으면, "이 미맹 자식아, 넌 혀가 없냐? 어디 소금 덩어리를 가져와서 먹으라고 해?"라고, 실제보다도 훨씬 더 과장해서 면박을 줄 거란 말이지. 그럼 그 녀석은 당장 기분이야 상하겠지만, 오히려 집에 가서 요리의 간을 개선하고, 품평회에서는 아주 좋은 평가를 받을 수도 있다는 거야.

사람을 만나는 건 물론 즐거운 일이지. 주변 사람들과 잘 지내는 것은 그 자체로 인생의 행복 중 하나고, 그 사람들에게서 항상 칭찬을 받고 인정을 받으면 그것도 매우 즐거운 일이야. 하지만 인간관계 자체에서 이런 행복을 느끼는 것만이 목적이 아니라면, 즉 같이 해나가야 할 일이 있다면, 나와 일에 있어서 가장 도움이 되는 사람은 날 기쁘게 해주는 사람이 아니라 나와 다른 의견을 가진 강력한 맞수, 혹은 내 일의 결점을 찾아내서 날 불편하게 만드는 사람이야. 물론 나라는 인간을 혐오하면서 인신공격을 서슴지 않는 사람들은 여기에 속하지 않아. 하지만 살면서 그런 사람이 몇 명이나 되겠어?

이렇게 극단적인 경우가 아니라도 마찬가지야. 사람이 백 명 있으면 백 명 모두가 다른 생각을 한다고 하지? 나는 이번에 소설책을 내면서 정말 그걸 많이 느꼈어. 나는 현실과 이상의 충돌, 역사적으로 실현되어온 이상, 이런 것들을 소설에서 다루고 싶었거든. 물론 그런 방식으로 내 책을 읽어준 분들도 많았지. 그런데 인터넷에 올라온 감상평을 보니까 꼭 그렇지가 않은 거야. 어떤 사람은 심지어, 내 소설에 나오는 두 남자 주인공이 서로 연애를 하는 내용으로까지 다르게 읽어내더라니까. 내가 쓴 소설인데도 엄청나게 다양한 의견이 나와. 이 의견들을 잘 헤아리고 있으면, 다음번에 소설을 쓸 때는 보다 풍부한 내용을 담아낼 수 있겠지.

그러니까 일을 할 때 가장 좋은 건, 너희를 존경하고 친구로서 존중하면서도, 너희가 잘못된 선택을 할 때 그걸 바로잡아줄 수 있는 친구를 곁에 두는 거야. 하지만 그런 친구는 사실 구하기가 힘들지. 왜냐하면 사람들은 친한 사람의 잘못을 지적하고 싶어 하지 않거든. 이럴 경우의 차선책은, "나한테 무슨 원수를 졌다고 이런 식으로 대하지?"싶은 사람들에게 화를 내지 않고, 그 사람들의 불만을 귀 기울여 듣는 거야.

그 사람이 정말 나를 파멸시키기 위해서 쓸데없는 불평을 할 경우에는 어떻게 하냐고? 그건 걱정할 게 못 돼.

생각해봐. 나는 불만에 귀를 기울이라고 했지, 그 사람이 하자는 대로 다 하라고는 안 했다고. 그 사람이 하는 말을 잘 듣고, 그 의견을 반영해서 과제를 더 향상시킬 수 있으면 그렇게 하고, 아니면 "이러이러해서 그렇게는 못 하겠다."고 차분히 설명하면 되는 거야.

또 하나의 팁. '협동' 하면 생각나는, 학교 교과서에 그려져 있는 그림 있지? 모두들 줄다리기를 하는, "이렇게 하자!"고 누가 의견을 내면 다 같이 그렇게 해서 단합된 힘으로 이겨버릴 것 같은 그림 말이야. 실제로는 그런 일은 거의 일어나지 않아. 그런 환상은 그냥 깨버려. 누구랑 같이 일한다는 건, 그 사람을 그만큼 너희 세계 안으로 받아들여야 된다는 거지, 너희가 일하는 방식을 그대로 유지하면서 그 사람을 마치 너희들의 도구처럼 쓸 수 있다는 의미가 아니야. 너희가 하자는 방식이 그 사람에게는 틀려 보일 수도 있고, 너희가 정당한 의견이라고 제시하는 것이 그 사람 눈에는 불평불만으로 보일 가능성도 높아. 그걸 악감정 때문이라고 생각하고 싸우기 시작하면 한도 끝도 없어. 물론, 나나 상대방이 먼저 욕을 하기 시작한다면, 그다음에도 악감정이 아니라고 하기는 힘들겠지만.

그래서 내 생각은 이거야. 만약 너희들이 어떤 일을 맡았는데, 혼자 하기에 힘들거나 어쨌든 여럿이서 같이 해야 할 상황이라면, 그 일을 어떻게 처리할지에 대해서 생각은 해보되, 그 의견을 끝까지 밀어붙이거나 '내가 이 조직을 이끌고 나가리라. 나는 리더십이 있는 강자니까. 훗.'이라는 식의 태도를 갖지는 마. 팀으로 일할 때 해야 되는 첫 번째 일은, 상대방도 나만큼 이 일에 관심이 있고, 이 일을 하고 싶어 하고, 할 만한 능력이 있다고 너희들 스스로를 다잡는 일이야. 막상 일이 시작되고 나면 그 결심이 흔들리기 십상이니까 결심은 단단히 할수록 좋아. 그러면 너희들의 의견을 내놓되, 상대방이 거기에 반대하거나 다른 의견을 내놓더라도 기분 상하지 않고 너희들의 의견을 살펴본 다음에 고칠 부분을 수정할 수가 있어. 그러면 너희는 화를 내지 않고, 같이 일하는 조원들의 의견을 충분히 반영해가면서 과제의 완성도를 높일 수 있지.

게다가 이런 건 많은 사람들이 갖추지 못한 스킬이야. 다시 말해, 조원들에게 너희는 "아, 거 참 괜찮은 사람이군." 하는 인상을 심어주게 될 거야. 심지어 정말 너희들한테 악감정을 갖고 있던 사람이라도, 자기가 악감정으로 쏟아낸 불평불만에서 쓸 만한 부분을 찾아내고 그걸 전체 의견에 반영시켜주는 너희 모습을 보면 우호적인 감정을 느끼게 돼. 사람은 때로, 상대방이 자기한테 화를 내지 않는다는 사실만으로도 쉽게 감동하거든.

그리고 어떤 사람의 의견이 함께 하는 일에 도움이 되었다면, 그 사람의 공적에 감사하고 합당한 존경을 표시해야 해. 그 사람의 호감을 사기 위해서가 아니라, 그게 옳은 일이기 때문이야. 입장 바꿔놓고, 만일 너희들이 멋진 발표 자료를 만들어서 조별 발표가 성공적으로 진행됐는데, 발표를 맡았던 아이가 그런 내색은 전혀 하지 않고 마치 자기가 전부 준비했다는 듯이 뻐기면 얼마나 억울하고 기분 나쁘고 배신감이 들겠냐?

"네가 발표 준비를 철저하게 해준 덕분에 내가 긴장하지 않고 잘 발표할 수 있었어. 고맙다."

"뭘, 네가 발표를 그렇게 재미있게 하지 않았으면 사람들이 들어주지도 않았을 텐데. 내가 고맙지."

이런 식의 대화는 매우 낯간지럽게 보이긴 한다만 맞는 얘기고, 실제로 많이 쓰는 말이기도 하지. 가식을 떨라는 게 아니고, 정말 저렇게 느끼라는 말이야.

그러면 너희는 적어도 두 가지를 얻게 돼. 첫째, 혼자 했을 때보다 훨씬 더 좋은 결과. 둘째, 일하면서 사귄 새로운 친구. 그리고 어쩌면 셋째도 얻을 수 있을 거야. 바로 "저 사람은 참 리더십 있는 사람이다."라는 좋은 평판이지. 원래 더 많이 껴안는 사람이 더 큰 리더니까.

뭐, 이렇게 생각해보면 단합해서 안 좋은 일은 없는 거 같아. 하긴 실천이 어려운 거지. 나만 해도, 저번 학기에 같이 조별 학습을 한 사람들이 너무 짜증 나서 참을 수가 없었으니까. 하지만 그렇다고 바뀌는 건 없잖아. 그냥 노력하면서 배워나가는 거지. 우린 아직 학생이니까. 하하.

혼자 할 때보다 여럿이 할 때 일의 결과가 더 좋아져. 왜냐하면 서로 시각을 달리하는 사람들이 한 가지 일을 바라보면, 그 일을 개선할 여러 가지 방법이 떠오르기 때문이야. 자신의 의견에 태클을 거는 녀석이 있으면 아니꼬워 보이지만, 사실 그 사람이야말로 가장 소중한 동지라는 걸 잊지 마.

part 4

준비가 끝났다면 현재 가능한
일들부터 차근차근 해봐

무슨 일을 하든 조급해하지 마

자, 우리는 이제 비로소 고비에 부딪혔다. 하하.

사실 3장까지는 머릿속으로도 충분히 할 수 있는 일이야.
단지 조금 시간을 내서 이것저것 생각해보면 되니까. 심지어
는 내가 써놓은 글을 읽으면서 자동적으로 생각이 나기도 했
을걸. 하지만 지금부터 할 이야기는 실천에 대한 거니까, 아
무리 읽고 생각해도 실행에 옮기지 않으면 아무런 소용이 없
어. 사실 나도 말은 잘하는데, 실행에 옮기는 게 적어서 문제
야. 내가 말한 대로만 살았으면, 모르긴 몰라도 지금보다는

훨씬 뿌듯하게 살고 있을 텐데 말이야. 하하. 어쨌거나, 이 장부터는 실천의 이야기니까 읽는 것보다도 너희들이 실제로 해보는 게 중요할 거야. 그 점을 염두에 두고 읽어줬으면 좋겠어.

만일 내가 위에서 쓴 글이 너희들한테 충분히 감동을 줬다면, 너희는 지금쯤 가슴이 벅차올라 있을 거야. 새로운 삶의 길이 보이는 정도까지는 아니더라도, 새롭게 꿈을 찾아볼 생각이 들고 사회문제에도 관심을 가져봐야겠다는 생각이 들고, 적성검사도 해야지, 여행도 가봐야지, 신문도 읽어야지……. 이것저것 할 일이 많다는 느낌에 심장이 두근거릴 거란 말이지. 뭐, 내 글재주가 부족해서 별 느낌이 없다면 어쩔 수 없지만, 아무튼 나는 너희들이 그러길 원하면서 글을 썼어.

그런데 웃긴 건 뭐냐면, 이렇게 가슴이 벅차오를 때는 막상 일이 잘 안 된다는 거야.

의욕에는 불타는데 대체 뭣부터 해야 될지 모르겠고, 그중 몇 가지를 골라서 해보다가 잘 안 되는 것 같으면 다른 걸 해보고, 이것저것 바꿔가면서 해봐도 도무지 결과는 나오지 않고. 그러다 보면 처음에 세웠던 계획 자체가 틀린 게 아닌가 하는 의구심이 들고, '에이, 그냥 관두자. 인생 뭐 있나? 대충 살던 대로 살면 되지.'라는 생각을 하게 된단 말이야. 더 재미있는 건, 이런 생각을 하며 모든 계획을 포기하고 다시 벅차지 않은 일상으로 돌아갈 때까지 걸리는 시간이 고작 1주일 안팎이라는 점이지.

아마 사람의 성격에 따라서 다른 거니까 전혀 이해가 안 될지도 몰라. 하지만 나처럼 다혈질인 사람은 아마 공감할 거야. 책을 읽든, 승부욕을 자극하는 사람을 만나든, 뭔가에 흥미를 느껴서든, 갑자기 의욕에 불타올라서 이것저것 계획을 마구 세워놓고 초반에는 무지막지하게 밀어붙였는데, 도무지 끝까지 끌고 나가기가 힘든 거지. 왠지 내가 흥분해서 마구 쏟아 부은 노력만큼 결과가 빨리 나오지 않는다는 느낌이 자꾸 들고 말이야. 그러다 보면 금방 힘이 빠지더라고. 이런 걸 두고 주변 사람들은 '조급하다'고 하는 것 같더라.

나는 워낙 글 쓰는 걸 좋아하고, 인터넷에 소설을 연재해서 반응이 좋아야 하는 입장이니, 특히 글을 쓸 때 이런 조급함을 많이 느껴. 혼자 공책에다가 시놉시스를 잡고 이것저것 끼적거릴 때는 물론 조급하지 않지. 그냥 나 혼자 보고 심심할 때 쓰고 노는 거니까. 그런데 일단 인터넷에 올리기 시작하면? 그때부터는 아주 죽음이야.

일단 편수가 많아야 사람들이 죽 읽고 조회수를 올려주니까 10편 정도를 연재 사이트에 올려. 그러고서 반응을 살피기 시작하는 거지. 5분에 한 번씩, 사실 5분도 길게 느껴질 정도로, 때로는 30초에 한 번씩 '새로 고침'을 눌러가며 조회수를 확인하기 시작해. 누가 봤나, 안 봤나. 새로 댓글을 달아주나, 안 달아주나. 혹시라도 추천 게시판이나 비평 게시판에 내 글과 관련된 이야기를 누가 써주지는 않았을까.

이런 생각을 하면서 하루 종일 연재 사이트를 여기저기 돌아다녀. 게시판 검색어에 내 이름, 내 소설 제목을 쳐보면서 종일 죽 치고 있기도 하고 말이야. 소설이 잘되고 사람들한테 인기를 끌기를 원한다면, 사실 이런 짓을 하기보다 아직 연재되지 않은 부분의 문장을 다듬는다든지, 뒷부분의 내용을 더 재미있게 할 방법을 생각하는 게 훨씬 나을 텐데 말이야. 그런 사실을 아는데도 도대체 내 행동이 통제가 안돼. 여기에 더해서, 생각 외로 별 반응이 없다면 의욕을 급격하게 잃어. 그래서 결국 연재를 그만두고 잠수해버리는 경우까지 생기지.

지금은 출판사와 계약을 한 후 소설을 쓰기 때문에 이런 일이 발생하면 안 되지만, 중·고등학교 시절에는 이런 일이 참 많았어. 막 썼다가 다 날리고 잠수해버리는 식이었지. 그런 게 하도 버릇이 되다 보니까, 나중에는 더 이상 안 되겠다 싶더라고. 그래서 아예 방법을 바꿨지. 인터넷에 연재하지 않은 채로 소설을 일단 완성하고, 완결된 뒤에 소설을 연재하자는 식으로 말이야. 물론 글을 쓰다 보면, 혼자 썩히지 말고 다른 사람들에게 보여주어야겠다는 충동이 마구 일어서 결국은 완결 전에 연재를 하게 되지만, 그래도 꾹 참고 참다 보면 훨씬 완성도 높은 글을 올리고, 무의미하게 연재 사이트를 들락거리는 일도 덜 할 수 있어. 사실은 그 덕에 출판도 할 수 있었던 거고.

가만히 생각해보니까, 완결을 해놓고 나서 올리는 것과 쓰는 족족 연재해버리는 것 사이에 집중력의 차이가 발생하는 이유는 아무래도 조급함 때문인 것 같아. 투자한 만큼의 성과가 바로 눈앞에 보이기를 바라는 그 급한 성미 때문에, 일 자체에 공을 들이기보다는 얼마나 수확을 거두고 있는지를 계속 확인하게 되는 거지. 어찌 보면 당연하고, 어찌 보면 웃기는 일인데, 이렇게 되면 자연히 일 자체에 들이는 시간과 노력이 줄어들어서 완성도가 떨어져. 그 결과, 일을 해서 얻으려고 했던 것(내 경우에는 조회수나 추천)을 얻기는 더욱 힘들어지고 마음은 더욱 조급해지지. 이런 악순환이 반복되는 거야.

사실 글 쓰는 것 말고도 많은 경우가 비슷한 것 같아. 학교 시험공부만 해도 그렇지. 공부를 해보겠다고 마구 의욕을 불태우다가, 쪽지 시험이나 모의고사 성적이 잘 나오지 않으면 잔뜩 의기소침해져서 그만두게 되잖아. 설령 시험을 잘 본다고 하더라도, 시험 본 다음 날부터는 공부를 열심히 해서 다음 시험에서 성적을 올릴 생각을 하기보다 언제 성적표가 나오는지에 초점이 맞춰지고, 성적표가 나온 다음에는 이게 반에서는 몇 등인지, 전교에서는, 전국에서는 몇 등인지만 머릿속을 맴돌지. 그런데 결국 시험에 나오는 건 내 등수를 계산하는 문제가 아니거든. 그러니까 이런 데에 신경을 쓰면 쓸수록, 내가 한 일의 결과를 확인하려고 조바심을 내면 낼수록, 공부 자체에는 소홀해지고 성적이 올라갈 가능성은 낮아지게 되지.

그래서 나는 결론을 내렸어. 특별한 이론적인 근거를 가진 얘기는 아니지만, 어쨌거나 경험적으로 볼 때, 첫째, 일을 할 때는 조급해지면 대체로 망친다. 둘째, 조급해지는 이유는 일 자체가 아니라 일을 통해 거두는 성과에 주목하기 때문이다. 그러니 셋째, 일을 할 때는 일 자체를 생각하고 그 성과는 크게 신경 쓰지 말자.

이런 마음가짐으로 일을 하면 조금 더 잘되는 것 같아. 나 같은 경우는, 소설 자체를 생각하고 있을 때 그나마 소설이 가장 잘 써지더라고.

일의 성과에만 주목하면 어쩔 수 없이 조급해져. 그런데 조급해지면 일을 망치게 되지. 그러니 일을 할 때는 일 자체에만 집중하고 성과에 대한 생각은 잠시 접어두는 게 좋아.

어떤 계획을 세우기 전엔
최대한 정보를 모아

　이번엔 좀더 실용적인 스킬에 관해서 말해줄게. 앞에서도 계속 계획을 세우는 방법에 대해서 이야기했지만, 친구를 넓게 사귀라든지 책을 많이 읽으라든지 인생 전체의 목표를 잡는 방법은 뭐라든지, 어떻게 보면 굉장히 크고 뜬구름 잡는 듯한 소리였을 수도 있어. 하지만 지금 말하는 계획은 훨씬 구체적이고 작은 계획들, 인생 전체의 목표라기보다는 그 목표로 다가가기 위한 소규모 작전들에 관한 거야.

　계획을 세우고 그에 따라서 사는 사람이 그러지 않는 사람보다 목표를 빨리 이룰 거라는 점은 충분히 예상할 수 있겠지? 뭐, 예술 분야의 경우에는 즉흥성이 더 위력을 발휘하는 때도 있지만, 일상생활에서는 아무래도 계획이 위력을 발휘하기 마련이야.

계획이란, 말하자면 땅바닥에 그어놓은 선 같은 거라고 생각해. 두 사람이 '앞으로 10km를 일직선으로 걸어가겠다'는 목표를 세웠다고 해봐. 그중 한 사람은 미리 땅바닥에 10km의 직선을 그린 다음 그 선을 따라 걸어가고, 다른 사람은 그냥 무작정 앞으로 나아가는 거야. 이럴 경우, 첫 번째 사람은 두 번째 사람보다 훨씬 목표를 잘 달성할 수 있단 말이지. 자기가 얼마나 걸어왔고 앞으로 얼마나 더 걸어가야 하는지 알고 있으니 보폭을 적절히 조정할 수도 있고, 만일 어긋나게 가고 있다면 똑바로 그어놓은 선을 보고서 '아, 지금 내가 비뚤게 걷고 있구나.'라고 깨달은 다음, 그에 맞춰서 방향을 바꿀 수도 있으니까. 그런데 이런 기준선이 없다면, 내가 앞으로 얼마나 더 걸어야 하는지도 감을 잡을 수 없으니 왠지 더 지치고, 마음은 조급해지고, 혹시 방향이 어긋나게 가더라도 틀렸다는 사실 자체를 모르거나, 깨닫더라도 너무 한참 뒤에 깨닫는 불상사가 생길 수 있단 말이지.

그런데 중요한 건, 말은 쉽지만 사실 계획을 세우는 것 자체부터가 어려운 일이라는 거야. 아마 까칠하게 이 글을 읽고 있는 친구라면 위의 예를 보고 무언가 할 말이 생겼을 텐데, 바로 이런 거지. "애초에 금을 틀리게 그을 수도 있잖아?"

그래, 그 말이 맞아. 애초에 금이 삐뚤빼뚤하거나, 10km 의 거리를 제대로 맞추지 못했다면 아무리 그 금을 따라서 열심히 가보아야 원래 목적을 이룰 수는 없지. 이 '금 긋기'를 계획 세우기로 바꾸어보면, 똑같은 결론을 얻을 수 있어. 아무리 목표를 잘 잡았다 하더라도, 그 목표에 이르기 위한 계획을 제대로 세우지 못하면 생각했던 것과는 완전히 반대 방향으로, 엉뚱하게 나아갈 수 있는 거지. 그러니까 '금을 애초에 똑바로 긋는 일', 즉 계획을 제대로 세우는 일이 아주 중요해. 그리고 내 생각에는, 계획을 잘 세우기 위해서는 이런저런 정보를 많이 얻는 게 중요해.

심지어 저녁에 친구들하고 나가 놀 계획을 세우는 것도 그래. 어느 노래방이 값이 싸고 서비스 시간을 많이 주는지, 어느 밥집이 맛있는지, 어느 PC방이 제일 싸고 컴퓨터 성능이 좋은지 알고 있다면, 즉흥적인 결정을 내릴 때도 가장 유리한 계획을 세울 수가 있지. 뭐, 사실 노는 건 그 자체가 목적이기 때문에 굳이 계획을 세울 필요가 없다고 느껴질지도 모르니, 또 나의 경험담을 하나 이야기해줄게.

작년이었나? 재작년이었나?

군대 간 친구 녀석 하나가 휴가를 나온다기에, 나와 다른 친구 한 명은 그 녀석이 휴가를 나와 있는 동안에 어디 여행이라도 가서 기분을 풀자고 생각하고 있었어. 그때 내 친구가 좋은 정보를 알려줬는데, 전라남도 여수에서 국제 범선 축제를 한다는 거였지. 난 옛날에 게임 '대항해시대' 오프라인 버전이 나왔을 때부터 바다니 범선이니 하는 것들을 엄청나게 좋아했거든. 친구한테 범선 축제 이야기를 듣자마자 '바로 이거다!' 싶어서 여수로 여행지를 정하고 계획을 짰지.

요즘에야 여기저기 다니느라 내공이 쌓인 덕에 별다른 계획 없이 여행을 떠나도 어지간한 곳은 그냥 재미있게 보고 오는 편이지만, 당시만 해도 아직 레벨 업이 되지 않아서 철저한 계획이 있어야만 마음 놓고 움직일 수 있었거든. 전라남도 여수라면 땅끝마을이잖아. 우리 집은 경기도 안양이니까 여기서부터 치면 아주 먼 곳인데, 당연히 계획을 세워야 한다고 생각했지.

그래서 같이 가는 친구들하고 함께 열심히 계획을 짰어. 몇 시에 안양역에 모여서 출발하여, 몇 시에 청량리에 도착하고, 청량리에서 몇 시 완행 기차를 타고 여수에 도착해서, 몇 시부터 범선 축제를 보고, 범선 축제를 본 다음에 끼니는 어떻게 해결할 것이며, 어떤 경로로 집에 돌아올 것인지, 거의 1시간 단위로 빡빡한 계획을 짰거든. 계획만 보면 정말 완벽한 여행이었지.

그런데 문제가 발생한 거야. 우리는 범선 축제가 새벽 6시에 시작하는 줄 알고, 밤 기차를 타고 갔거든. 우리 계획대로라면 기차에서 내리자마자 범선들을 구경하고 범선끼리 경주하는 모습도 볼 수 있었단 말이지. 그런데 막상 내리니까 사방은 깜깜하기만 하고, 범선을 정박해둔 항구로 내려가보니까 축제는 10시부터 시작이라는 거야. 이럴 수가! 정말 까마득했지. 가뜩이나 기차에서 무서운 얘기를 하면서 밤을 새워 체력도 달리고 날도 추운데, 중간에 시간이 4시간이나 비어버린 거지. 그렇다고 숙소를 잡을 수도 없었어. 계획에는 밥만 먹고 다시 올라오는 것으로 되어 있었기 때문에 숙소를 잡을 돈이 없었거든.

그때 정말 고생했어. 벤치에도 잠깐 누워 있다가, 이러고 있다가는 추워서 입이 돌아가겠다 싶어서 여기저기 돌아다녔고, 그러다가 선원 분들이 사용하는 것처럼 보이는 건물에도 잠깐 들어갔는데 왠지 그러면 안 될 것 같아서 도로 나왔어. 동도 트지 않은 여수를 싸돌아다니다가 지친 몸뚱이를 끌고 국밥 한 그릇을 챙겨 먹은 다음, 결국 인적이 드문 공원 의자에서 노숙을 했지. 진짜 춥고, 돈은 없고, 잠은 안 오는데 졸리긴 하고, 조금씩 날이 밝아오면서 사람들은 옆으로 지나다니고, 쪽팔리고, 진짜 개고생이었다니까.

게다가 지금은 조금 더 멋져졌을지도 모르지만 범선 축제도 내가 기대했던 것과는 너무 달랐어. 국제 범선 축제라고 해서 나는 엄청나게 많은 범선들이 정박해 있고, 푸른 바다 위로 그 배들이 미끄러지는 멋진 모습을 구경할 수 있을 거라고 생각했거든. 그런데 막상 가보니까 배는 네 척밖에 없고, 움직이지도 않는 거야. 그냥 돌아다니면서 안을 잠깐 구경해보는 것밖에는 할 일이 아무것도 없더라고.

우리는 너무 억울한 나머지 그대로 기차를 타고 다시 안양으로 돌아올 수가 없었어. 그래서 사방을 헤매다가 오동도라는 섬을 발견하고 거기에서 놀았지. 거긴 정말 아무런 계획 없이 불쑥 갔는데도 풍경이 멋지고 놀기에 좋더라. 하지만 우리는 이미 너무 많은 체력을 소모해버렸기 때문에 오동도에서 실컷 즐기진 못했어. 돌아오는 기차표도 제대로 못 구해서 여수에서 청량리까지 서서 왔지. 아주 죽겠더군. 휴가를 나온 친구는 거의 군대에 있는 것만큼 빡세게 있다가 들어간 셈이야.

이 경우에 문제는 계획이 없었던 게 아니야. 계획은 분명히 있었고, 그것도 꽤 철저하게 세워져 있었지. 다만 그 계획이 잘못되었다는 게 문제였던 것일 뿐이야. 왜 계획이 잘못되었는가 하면, 우리는 일단 축제에 대한 정확한 정보가 아무것도 없었고, 여수에 들르면 오동도에서 이것저것 구경할 수 있다는 정보조차 없었거든.

모르긴 해도, 더 큰 일을 결정할 때도 마찬가지 아닐까? 예를 들어서, 너희들이 의사가 되겠다는 목표를 잡고 그 목표를 이루기 위한 계획을 세울 때, 의학 전문 대학원에 들어가는 것과 의예과에 입학하는 것 등 여러 가지 선택의 여지가 많을 텐데, 어떤 선택을 하든 그것에 따르는 정보를 충분히 알고 결정해야 후회하지 않을 만한 괜찮은 계획을 세울 수 있다는 말이지.

Special Tip

목표를 이루려면 계획을 세워야 하고, 계획을 잘 세우려면 반드시 이런저런 정보를 수집해야 해. 그러지 않으면 애써 세운 계획이 모두 허사가 될 수도 있어.

계획을 세웠다면 추진하되,
상황에 맞춰 수정하는
융통성이 필요해

자, 이런저런 정보를 모두 수집해서 미래로 가기 위한 멋진 가이드라인을 잡았다고 하자. 편의를 위해서 학교 공부를 예로 들게. 우리나라 고등학생 대부분의 단기 목표는 아마 좋은 대학에 들어가는 것일 테니까, 조금 불편하고 스트레스 쌓이는 예시이긴 해도 금방 와 닿을 것 같아서야.

너희들이 더 큰 목표를 잡았고(예컨대, 자원문제 해결을 통한 세계의 갈등 축소라든지), 그 목표를 달성하기 위해 작은 목표를 설정했고(이를테면, 여러 가지를 배울 기회가 많은 대학교의 자원 관련 학과에 진학한다든지), 그 학교에 합격하기 위해 여러 가지 정보를 수집했고(이 학과에서는 수학 관련 수상 경험이 있는 학생을 우대한다든지), 그래서 여기에 맞는 작전을 세웠다고 해보자(끔찍하지만, 이번에 열리는 수학 올림피아드 대회의 1등을 목표로 하루 5시간씩 수학 공부에 매진한다든지).

여기까지 계획을 세우는 것만 해도 사실 저절로 되는 일은 아니고 상당히 노력이 필요해. 하지만 너희들도 알겠지만, 이것보다 몇십, 몇백 배는 힘들고 훨씬 더 중요한 일은, 바로 그 계획을 실천에 옮기는 일이야.

나만 해도 그래. 나는 학교 다닐 때 항상, 시험 시작 한 달 전부터 시험 대비 공부 계획을 세워놨거든. 그러고 나서 약 1주일 정도 열심히 공부한 다음에, 점점 열정이 사라져서 막상 시험을 보기 직전에는 거의 탱자탱자 놀자 판이었어. 학교를 12년 다니면서 시험 보기 전날까지 열심히 공부에 용맹정진했던 건 한두 번이나 되려나? 그래서 시험을 봐도 꼭 틀리는 문제가 나오곤 했지. 국어나 영어, 사회처럼 내가 엄청나게 좋아하는 과목이 아니면 다 맞은 적이 거의 없었어.

이렇게 말하면 잘난 척한다고 할지도 모르겠지만, 어쨌거나 우리 어머니는 항상 날 혼내시거나 안타까워하셨지. 어머니가 보시기엔, 내가 조금만 더 공부를 열심히 하면 그 과목들을 다 맞을 수 있을 것 같았나봐.

내가 중학교에 다닐 때 엄청나게 공부를 열심히 하기로 유명한 여자애가 있었는데, 걔가 그랬거든. 계획을 세운 뒤, 모조리 다, 정말 무서울 정도의 열정으로, 끝까지 다, 세운 계획을 몽땅 지키래. 난 충격을 받아서 입을 다물 수 없었고 걘 정말 신의 점수였지. 거의 올백. 우리 어머니는 늘 걔를 부러워하시더라고.

어쨌든 이건 다 그냥 푸념하는 얘기고, 너희들도 느끼겠지만 계획을 세워놓고 실천하지 않으면 말짱 꽝이야. 사실 나의 조급한 성격과 계획을 세워놓고 제대로 일을 하지 못하는 버릇은 아직까지도 이어지고 있어. 부끄럽지만 이 글만 해도, 약 1주일 전에 완성했어야 하는데 지금에 와서야 제대로 쓰고 있는 거거든. 그렇다고 내가 계획을 안 세운 건 아닌데 말이야. 오늘은 여기까지 쓰고, 다음은 여기까지 쓰고……. 나름대로 꽤 빡빡한 스케줄을 짜두었거든.

그래, 고백하자면 사실 계획을 실천에 옮기는 기술은 나도 별로 익히지 못했으니까 아마 너희들이 나보다 더 나을지도 몰라. 하지만 나는 나름대로 이 게으름과 나태함을 극복하기 위해서 여러 개의 전략을 써봤고, 그중에는 성공적인 방법도 몇 가지 있었어. 한번 읽어보고 써먹을 만하다 싶으면 활용해봐.

　내가 그나마 성실하게 계획에 따라서 살았던 시간은 고등학교 3학년 1학기였어. 그때 앞에서도 한 번 이야기했던 우리 담임선생님이 매주 월요일 아침 조회 시간마다 공부 계획표를 나누어주셨거든. 빈 표가 그려져 있었는데, 그 표에는 각 날짜별로 자습 시간이 표시되어 있고 공란에는 해당 자습 시간에 무얼 공부할지 학생이 스스로 적을 수 있도록 되어 있었지. 선생님은 학기가 처음 시작됐을 때 그 표를 채우는 방법을 우리한테 가르쳐주셨는데, 제일 중요한 건 자기 능력을 정확히 알고 절대 능력 이상의 계획을 세우지 말 것과 칸 안에 적는 계획은 두루뭉술하지 않고 간결 명확해야 한다는 것 두 가지였어.

　예를 들자면, 1시간 동안 '영어 단어 100개 외우기'라고 적어놓을 경우, 대체 무슨 단어를 100개 외우겠다는 것인지도 분명하지 않을뿐더러, 1시간 안에 그걸 다 외우리라는 보장이 없으니까 이건 좋지 않은 계획인 거지. 능력 이상의 계획을 세워버리면 결국 자기한테 부과했던 과제가 전부 밀리게 되고, 그 결과 계획 전체를 포기하게 되거든. 게다가 구체적이지 않은 계획을 세워두면, 실행하려고 할 때 대체 어디서부터 시작해야 되는지 갈피를 못 잡아서 갈팡질팡하게 돼. 그러다 보니 실행하는 단계에서 다시 구체적인 계획을 세워야 하고, 시간을 소비하게 되는 거지.

이런 담임선생님의 충고를 받아들여서, 아주 구체적인 계획을 내가 감당할 수 있는 만큼만 잡아두니까 어느 정도 지킬 수 있더라고. 비록 3학년 2학기로 넘어가면서 1학기의 피폐함이 쌓이고 여러 가지 일들이 벌어져서 집중력이 떨어지긴 했지만, 상당히 오랫동안 효과를 본 방법이야. 한번 활용해봐. 아마 나보다는 더 오랫동안 써먹을 수 있을지도 몰라. 하하.

아, 그런데 한 가지 주의할 점이 있어. 피치 못할 사정이 생기거나 계획을 더 좋게 개선할 방법이 떠올랐는데도 처음의 계획대로만 지키려고 하는 건 별로 현명한 선택이 아니라는 거야.

예컨대, 또 내 학창 시절의 경험을 떠올려보면, 공부 계획을 잘 세워두고 지켜나가고 있는데, 갑자기 친척집에 무슨 일이 벌어진다거나 하는 경우가 있단 말이야. 이럴 경우, 혹은 피치 못할 사정이 생겨서 계획의 일부가 틀어져 버릴 경우에는 끝까지 아득바득 처음의 계획을 밀어붙이는 것도 한 가지 선택이 될 수 있지만, 조금은 유연하게 계획의 일부를 바꿔보는 것도 그리 나쁜 일은 아니야. 공부를 할 때는 우직한 의지가 좀더 필요할지 모르겠지만, 꼭 그렇지만도 않더라고.

특히 나는 글을 쓸 때 이런 느낌을 많이 받아. 기본적으로 소설을 쓸 때 언제까지 줄거리를 잡고, 언제까지 어느 정도 분량의 글을 써야겠다는 대략적인 계획을 세우더라도 거기에 맞춰서 빠듯하게 써나가기가 힘들어. 억지로 맞추어서 써봐야 나중에 돌아보면 전혀 마음에 안 드는 글이 마구 뿜어져 나왔을 뿐일 때가 많고. 이럴 때는 억지로 책상에 앉아서 공책과 씨름을 하고 있느니, 차라리 계획에 조금 수정을 가해서 하루 동안 머리가 쉴 수 있는 시간을 주는 것도 괜찮은 것 같아.

물론 이 방법은 자기 스스로의 게으름에 대해서 면죄부를 줄 가능성이 높기 때문에 위험하긴 해. 특히 입시 날짜가 정해져 있고, 어쨌든 높은 성적을 받기 위해서 공부하는 수험생의 입장이라면 말이야. 하지만 정말 미칠 듯 공부가 안 되는 그런 날에는 세워둔 계획을 반드시 지키기 위해서 책상에 앉아 있는 것도 물론 좋은 일이지만, 정말 더 이상 견딜 수 없을 때는 잠시 머리가 쉴 수 있는 시간을 주는 것도 괜찮다고 봐.

Special Tip

계획은 실행할 때 의미가 있는 거야. 계획을 잘 실행하려면, 일단 구체적이고 실행할 수 있는 계획을 짜도록 해. 그리고 상황에 따라 가끔 계획을 수정하는 것도 꼭 나쁘지만은 않다는 점을 염두에 두고.

무엇보다 중요한 건
실행에 옮길 수 있는 추진력

위에서도 계획은 그 자체로 의미가 있는 게 아니라 실행할 때만 가치가 있다는 얘기를 했으니, 이 장은 그것에 대한 일종의 부연설명이 되겠다.

사실 너희들한테 이런저런 이야기를 들려주면서 가장 쓰기가 껄끄럽고 부끄러운 장이 바로 이 장이야. 사회에 대한 관심이니 여행이니 사람들을 폭 넓게 사귀라느니, 이런 조언을 할 때는 그렇게까지 낯 뜨겁진 않았어. 나보다 고수인 분들이 보면 우스울지도 모르지만, 그래도 내 나름대로는 저렇게 살려고 정말 많이 노력해왔고 적어도 지금까지는 운 좋게도 그렇게 살 수 있었거든. 나 스스로 그렇게 사는 게 얼마나 좋은지 직접 체험해봤기 때문에, 너희들한테도 그런 방식의 삶이나 태도를 자신 있게 권할 수 있었어.

하지만 계획을 실행에 옮기는 추진력이라니, 솔직히 고백하자면 난 그런 조언을 할 자격이 안 돼. 내가 타고났다고 생각하는 악덕 중에 가장 끔찍한 게 바로 게으름이거든. 위에서도 여러 번 적었지만, 난 정말 성격이 급하고 다혈질이라, 새로운 흥미를 느꼈을 때 그 일에 달려들어서 엄청난 밑그림을 그리고 초반 작업까지 착수하는 데에는 자신이 있어. 그런데 생각해보면, 소설을 출간했던 일이라든지 내가 좋아하는 책을 끝까지 읽은 일, 좋아하는 과목의 수업을 열심히 들었던 일을 빼면 내 삶에서 하기 싫은 일을 끝까지, 처음과 같은 열정을 가지고 제대로 해냈던 적은 별로 없는 것 같아.

학창 시절엔 문제의 과목이 수학이었어. 가끔, 정말 아주 가끔은, 그러니까 주변에 수학을 좋아하는 친구들이 있거나, 만화가 곁들여진 수학 문제집을 발견했다거나, 아주 재미있는 수학 퀴즈 문제를 봤다거나, TV에서 수학 신동들이 사람들의 찬사를 받는 걸 봤을 때는, 나도 수학에 흥미를 느꼈어. 그럴 때는 심지어 그 두꺼운 정석을 펴놓고 읽기도 하고, 어려운 문제를 풀어보겠다고 낑낑거려보기도 했지. 그리고 수학 고수가 되어서 여러 문제를 척척 푸는 내 모습을 상상했어. 또 입시 때문에 어쩔 수 없이 수학 공부를 하긴 해야 했으니까, 수학 실력을 키울 수 있는 계획을 세웠단 말이야.

물론 처음에는 잘하지. 그런데 난 정말 작심삼일이라는 말을 부정할 수가 없더라고. 한 달도 아니고, 1주일도 아니고, 진짜 딱 3일만 지나면 결심이 흔들리고 숫자만 보면 다시 토가 나오려고 하는 거야. 나는 이 느낌이 너무 싫고 견딜 수가 없어서, 계속 펜을 던져버리고 절대로 수학책을 펴지 않았어. 다시 수학에 흥미가 생길 때까지는 말이야. 그러니 수학 성적이 좋을 턱이 있나. 그나마 영어 성적이 좋은 편이어서 특기자 전형에 지원할 수 있었기에 망정이지, 수능 점수만 가지고는 난 아마 우리 학교 못 들어왔을 거야. 망할 놈의 수학 때문에 말이지.

이런 내 버릇은 대학교에 와서도 계속 이어졌어. 대학에서는 학기 초에 듣고 싶은 과목을 골라서 수강 신청을 하거든. 난 대학에 처음 들어왔을 때는 이 제도가 아주 마음에 들었어. 마음에 드는 과목만 들을 수 있다니, 완전히 내 세상을 만난 것 같았지. 그런데 막상 해보니까 꼭 그렇지도 않더라고. 학교마다 다르겠지만, 우리 학교 같은 경우는 의무적으로 들어야만 하는 과목을 지정해놨어. 그건 빼도 박도 못해. 싫어도 꼭 들어야 돼. 그리고 수업에 관련된 소개를 봤을 때는 재미있어 보여서 들은 과목도, 실제로 들어가보면 상상했던 것과 영 달라서 괴로울 때가 있어. 아주 좀이 쑤셔서, 그 시간만 되면 손발이 오그라들고 당장 밖으로 달려 나가고 싶어서 엉덩이가 움찔거려. 그나마 고등학교 때만큼 정도가 심하지는 않으니까 다행이지. 그래도 내가 고른 과목, 듣기에 재미있는 과목이 꽤 많아서, 아주 재수가 없지 않는 이상은 학교 가는 게 하루하루 즐겁거든.

얘기가 잠깐 샜는데, 어쨌든 대학에 와서도 시험을 본단 말이지. 과목에 따라서 보고서를 쓰는 걸로 대신하기도 하지만, 중간고사 기말고사도 있고, 시험 기간이라고 수업을 빼주기도 하고 그래. 물론 나는 지금도 시험 기간이 다가오면 공부할 계획을 세우지. 또 보고서를 언제까지 완성해야 하니까 10월 첫 주에는 어떤 책을 읽고, 10월 둘째 주에는 어떤 자료를 조사하고…… 등등의 계획도 세우고.

그런데 말이야, 재미없는 과목은 정말이지 계획을 아무리 세워도 공부하기 싫어서 미쳐버릴 것 같아. 특히 대학 공부는 인터넷으로 자료 조사를 해야 하는 경우가 꽤 많은데, 별 관심도 없는 주제를 검색하다 보면 자연스럽게 싸이월드에서 일촌 파도타기를 하게 돼. 그러다 세계의 온갖 잡뉴스까지 다 읽게 되고, 그러다가 여기저기 댓글도 달게 되고, 그러다 보면 컴퓨터를 너무 오래하는 바람에 눈도 아프고 머리도 아프고 졸려서 한숨 자고 할까 하다가 아예 자버리고, 날은 밝고……. 이런 악순환이 반복되는 거지. 아주 미쳐버리겠어. 특히 아무것도 하지 못한 채 잠이 들었다가 다음 날 깨어나면, 그것도 늦잠을 자고 일어나면, 내 자신이 한심하고 대체 이렇게 살아서 앞으로 뭐가 되려나 싶은 느낌이 들어.

난 정말 내가 게으르지 않았으면 좋겠고, 극복하려고 여러 가지 노력을 하는데 잘 안 돼. 그래서 주변의 친구들이 성실하게 사는 모습을 보면 그게 참 부러워. 낯 뜨거워서 말은 잘 안 하지만, 마음속으로 깊이 존경하고 있고. '난 왜 이렇게 매일 자기만 할까?' 하는 생각이 들 때마다 내가 아무리 훌륭한 생각을 하고 있더라도 추진력과 독기가 없으니 결국 아무것도 이루지 못하리라는 불안감도 따라와. 나한텐 정말 심각한 고민이거든. 그런데도 난 아직 게으르게 살고 있으니, 이걸 어떻게 극복해야 할지 적절한 방안은 찾지 못했어.

하지만 그래도 희망을 하나 발견하긴 했어. 다행히도 우리 부모님이 굉장히 현명한 분들이시거든. 하하.

얼마 전의 일이야. 부모님과 근교의 밥집에 가서 순두부와 비지찌개를 시켜놓고 식사를 하다가, 분위기도 좋고 해서 함께 술을 한 잔 했거든. 술기운이 오른 김에, 기분도 좋고 해서, 난 부모님께 이런 내 고민을 말씀드렸어.

"전 좀 성격이 급하고 다혈질인 데가 있는 것 같아요. 집중이 잘 안 되고, 한 가지 일을 끝까지 할 수가 없어서 좀 그래요."

이런 식으로 이야기했지. 그랬더니 어머니는 내 이야기를 진지하게 들어주시고, 내 성격에 분명 그런 점이 있고, 고쳐야 한다고 말씀해주셨어. 나 혼자 내 문제를 생각하는 것과 다른 사람, 특히 부모님처럼 가깝고 내게 애정을 갖고 있는 사람이 이야기해주는 걸 듣는 건 느낌이 많이 다르거든. 그때 다시 한 번, 열심히 살아야겠다는 다짐을 했지.

그런데 더 도움이 되었던 건, 뒤이어서 아버지가 해주신 말씀이었어. 아버지 말씀은, 그런 성격이 분명 단점도 있지만, 성격을 고칠 수 없다면 그 성격을 활용하면 된다는 것이었지. 아무리 일을 거창하게 벌려놓더라도 흥미를 잃으면 절대 수습하지 못하는 더러운 성미를 타고 태어났지만, 이건 뒤집어서 생각해보면 흥미를 느끼는 분야에 대해서는 언제까지고 열정적으로 일할 수 있다는 말이라고 해주셨어. 내가 끊임없이 흥미를 느끼고 열정을 갖고 할 수 있는 일을 찾는다면, 내 성격이 적어도 그 분야의 일을 할 때만은 게으른 게 아닐 수 있다는 말씀이셨지. 그리고 나한테 있어서 그런 일이 뭐냐고 물어보셨는데, 그때 처음으로 글을 쓴다는 게 얼마나 중요한 일인지 깨달았어.

곰곰이 생각해보면, 기억이 있을 때부터 나는 글을 안 쓰고 산 시간이 별로 없는 것 같아. 어렸을 때부터 그림일기며 일기를 줄곧 써왔고, 중학교 때부터 소설을 쓰기 시작했고, 그 이후로도 계속 소설을 썼어. 뭐, 아주 형편없는 수준의 소설이긴 했지만. 그리고 출판을 한 다음에도, 출판을 목적으로 하는 장편소설이 아니더라도 항상 나는 글을 쓰고 있었지. 장편소설은 좀 스트레스를 많이 받으니까 언제나 쓰고 있을 수는 없거든.

하지만 그런 순간에도 나는 시를 쓰고, 시사에 대해서 나름대로 논평도 하고, 독후감도 쓰고, 수필도 쓰고, 하다못해 싸이월드에 일기라도 매일매일 썼거든. 근데 그걸 특별히 일한다고 생각했던 적은 없어. 오히려 나한텐 그게 놀이였고, 삶이 우울할 때는 인생의 유일한 낙이기까지 했어. 정말 글이라도 써서 어디다가 이 끓어오르는 스트레스와 온갖 고민들, 벅차오르는 꿈들을 뱉어놓지 않으면 죽겠다는 생각이 들 때가 많았거든. 난 세종대왕께 여러 번 감사했어. 나한테 말과 글이 없었으면 얼마나 삶이 끔찍했을까 상상해보면 아주 진저리가 나.

그런데 아버지 말씀을 듣고서 예전에 쓴 글들을 읽어보니까, 이런 생각을 한 게 아주 오래전이더라고. 내 일기의 한구석에는 언제나 그런 이야기가 있었어. 아주 어렸을 때부터 글을 쓰고 싶어 했고, 작가들을 존경했고, 글이 있어서 얼마나 다행인지 모른다든지, 남들이 이상하게 볼지는 모르지만 나는 스트레스도 글을 써서 푼다든지, 그런 이야기들을 종종 하곤 했더라. 할 당시에는 몰랐는데, 지금 다시 읽어보니까 그렇더란 말이야.

글 쓰는 것을 일이라고 치면, 나는 글 쓰는 일을 하는 것에 있어서는 게을러본 적이 없는 것 같아. 아버지가 그걸 알게 해주셔서 나는 마음이 많이 놓였어. 글에도 더욱 애정을 갖게 됐고.

물론 세상에는 나와 다른 종류의 사람도 많아. 아마 너희 중에도 있을지 모르지. 온갖 괴로움을 딛고, 애초에 세운 계획을 끝까지 밀어붙일 수 있는 그런 추진력을 가진 친구들 말이야. 내가 부러워하는 성실함이지. 사실 내 동생도 조금 그런 편이야. 그 녀석은 아주 독하게 공부를 하는데, 그 스트레스를 다 견디면서 살아. 아주 신기해.

하지만 만일 너희들이 나와 같은 종류의 인간이라면, 스스로가 게으르다든지 추진력이 없다는 이유로 너무 좌절하지는 마. 언제나 좋아하는 일, 너희에게 괴로움을 준 적이 없고 돌이켜보면 항상 하고 있었던 일, 그런 게 반드시 하나쯤은 있을 거야. 그런 걸 파고들어. 뭐, 파고든다는 생각조차 잘 안 들겠지만, 그런 일은 일 자체가 추진력이야.

Special Tip

싫은 일을 억지로 할 수 있는 추진력도 살아가는 데에 매우 중요한 능력일 거야. 아마 그런 능력은 꾸준한 노력과 극기심으로 얻을 수 있겠지. 하지만 나와 성격이 비슷한 친구들이라면, 좋아하는 일을 찾아서 그 일을 하며 추진력을 얻는 것도 한 방법이 될 수 있어.

당장의 결과에 연연하지 마.
승패는 자신만이 아는 거야

자, 이건 다시 마음가짐에 대한 이야기. '무언가 애써서 실천하지 않아도 이런 생각을 하는 사람도 있구나. 들어보고 좋으면 나도 그렇게 생각해봐야지.' 라는 식으로 편하게 들으면 되는 이야기야. 사실 내가 나 자신한테 해주고 싶은 이야기이기도 하고.

너희도 그랬을지 모르겠는데, 난 아주 어렸을 때부터 나이를 한 살 한 살 먹어가는 게 너무 스트레스였어. 이 책의 맨 처음에서 말했듯이, 난 전설에 나오는 이야기를 전부 사실이라고 생각했거든. 그런 책에 보면 영웅들의 일대기가 실려 있는데, 정말 장난이 아니란 말이야. 예를 들어서, 고주몽은 심지어 열두 살에 나라를 세웠다는 기록이 나와.

지금 생각해보면 진짜 어처구니가 없는 얘긴데, 어린 시절의 나는 고주몽한테 경쟁의식을 느끼면서 엄청나게 스트레스를 받았어. 열한 살 때는 '아, 이제 1년만 더 있으면 고주몽과 동갑이구나. 그런데 나는 아직도 초등학교에서 찌질거리고 있다니.' 하는 생각에 한숨이 다 나오더라니까. 나중에 중학교에 들어갔을 때, 국사 선생님이 그건 실제로 고주몽이 열두 살에 나라를 세웠다는 게 아니라 상징적인 의미라고 말씀해주셔서 얼마나 마음이 놓였는지 몰라.

그런데 이 악몽은 나이가 들어서도 걷히지 않았어. 아니, 세상에 왜 이렇게 천재들이 많냐? 다음 차례로 날 좌절시킨 건 조지훈이었지. 왜, 국어 교과서에 나오는 시인 있잖아. 박사고깔 나빌레라, 그 '승무'라는 시를 쓴 시인 말이야. 그 시인이 승무를 몇 살에 썼는 줄 알아? 열여덟 살에 썼다는 거야! 내가 고등학교 2학년, 학교와 집을 오가며 인터넷에 어설픈 무협소설을 연재하고 있던 바로 그 나이에!

대학교에 와서 정약용에 대한 이야기를 들었는데, 그것도 엄청나게 충격적이었어. 난 그래도 내가 나름대로 책을 많이 읽었다고 생각했는데, 정약용에 비하면 뭐, '짬'도 안 되더라고. 이런 전설이 있대. 정약용은 유아기 때부터 책을 읽었는데, 어린애들은 키가 빨리빨리 크잖아. 그런데도 불구하고, 정약용이 읽은 책을 차곡차곡 쌓아두면 언제나 정약용의 키보다 높았다는 거야. 그 어린 나이에!

게다가 나중에는 나와 동시대에 살고 있는 가수들까지 나를 좌절시키기 시작했지. 너희들도 아마 들어서 알 거야. 스탠포드 대학교 영문학과를 우수한 성적으로 졸업하고, 심지어 영어로 소설을 써서 저명한 교수들에게서 칭찬을 받은 가수 타블로 씨를 비롯해서, 내가 아주 존경하는 우리 학교 선배인 패닉의 이적 씨까지. 전부가 다 그런 건 아니지만, 노래 가사가 정말 시적이고 뜻 깊다는 생각이 들어. 거기에다 곡조를 붙일 수 있는 재능은 또 어떻고.

최근에는 '장기하와 얼굴들'이라는 그룹이 뜬 모양인데, 이 그룹 보컬인 장기하 씨와 나는 수업도 같이 들었고, 같이 조별 발표까지 했단 말이야. 수업을 들을 때는 몰랐는데, 이번에 나온 노래의 가사를 보니까 정말 대단하더라. '달이 차오른다, 가자'라는 노래인데, 많은 사람들은 안무가 재미있어서 좋아하는 것 같지만 나한텐 가사가 정말 감동적이었어. 내가 때때로 썼던 시와는 비교도 할 수 없다는 생각이 들었지.

그 형은 나보다 나이가 많지만, 내가 그 형 나이가 됐을 때 그만큼 훌륭한 시를 쓸 수 있을지 생각해보니까 잘 모르겠더라.

나 스스로 느끼는 부족함도 있지만, 객관적인 숫자에서도 차이가 나니까 그것 또한 조금은 스트레스가 돼. 학점은 뭐, 그렇게까지 나쁜 편은 아니니까 괜찮아. 가끔 너무 재미가 없어서 망하는 과목이 나오긴 하지만, 그런 과목에 대해서는 '나는 당구에 소질이 있지만 안 치기 때문에 점수가 안 나오는 것이다.'라는 식으로 생각해버리기 때문에 별로 신경이 쓰이진 않아.

그런데 내가 쓴 소설에 대해서는 신경이 많이 쓰여. 얼마나 팔렸는지, 얼마나 많은 사람들이 감상문을 써주는지, 어떤 점이 재미있다고 하고 어떤 점을 비판하는지, 조회수는 얼마나 나오고 추천수는 얼마나 되는지, 정말 엄청나게 신경이 쓰인다. 다른 좋은 소설들이 각광을 받는 것을 보면, 한편으로는 사람들이 내 글을 알아주지 않는다는 생각이 들고, 다른 한편으로는 그 인기 소설을 쓴 작가가 부럽기도 하고 그래.

너희들도 아마 이렇게 신경 쓰이는 일들이 있을 거야. 대부분의 경우는 아마 학교 성적이겠지만, 나처럼 다른 분야에 대한 관심이 더 높은 사람들도 있겠지. 이 '신경 쓰임'은 잘못

다루면 엄청난 스트레스가 되어서 우리를 공격해와.

하지만 적어도 지금의 나한테는 이런 '신경 쓰임'이 치명적인 스트레스는 아니야. 전에도 지나가듯이 한번 말했던 것 같은데, 나는 내 소설이 성과가 좋지 못하다 해도, 출판사에 좀 미안하긴 하지만 그렇게까지 스트레스를 받지는 않아. 난 그걸 정말 열심히 썼거든. 지금 보면 고칠 부분이 많이 보이지만, 적어도 그 글을 쓰던 당시엔 내 실력으로는 이 이상으로 좋은 글을 쓸 수 없다고 자부하면서 썼어. 내가 정말 좋아하는 사람한테도 별로 부끄러움 없이 보여줄 수 있는 '나 자신'을 하나 만들었다는 게 아주 뿌듯했다. 그러면 됐지, 뭐.

게다가 그 정도로 열심히 쓰면 어느 정도 보답이 돌아오더라고. 다른 소설과 비교할 때 숫자는 좀 적을지 몰라도, 내 소설을 읽고 감동을 받았다는 사람들이나 재미있게 시간을 때울 수 있었다는 사람들이 분명히 있었어. 심지어 이 소설을 쓰기 전에 썼던, 지금 보면 참 부끄러운 수준인 판타지 소설을 보았던 독자들이 내 이름을 기억해주고 새로 쓴 소설을 읽어준 경우까지 있어. 그 사람들한테 말을 걸 수 있어서 참 좋아. 저번 소설은, 사실 지금 소설과 비교했을 때도 엄청나게 안 팔렸는데 말이지. 하하.

만일 내가 그때 당장의 결과에 연연해서, "난 글 쓰는 재주가 없나봐."라며 포기해버렸다면 어떻게 됐을까? 뭐, 그런 일은 아마 절대 일어나지 않았겠지만, 내가 그렇게 쉽게 의기소침해졌다면 난 지금 내가 누리는 행복 중 하나를 포기한 게 되어버렸을 거야. 열심히 썼기에, 난 지금 내가 '승리'했다는 걸 알고 있는데 말이지.

너희들도 아마 마찬가지일 거야. 성적은 숫자로 표시되고, 그 숫자에 따라서 대학에 가……. 참 잔인한 일이지. 그런데 그게 다가 아니야. 꼭 학교 공부가 아니더라도 좋아. 무언가 열심히 하면, 정말 끝까지 모든 것을 불살라서 열심히 한다는 생각으로 일 자체에 사랑을 갖고 뛰어들면, 그러면 너희 스스로 알게 돼. 내가 바로 최후의 승자라는 걸. 그렇다면 당장의 결과에 연연해서 포기하는 행동이야말로 가장 어리석은 일이 아닐까?

Special Tip

숫자로 표시된 결과도 현실에서 많은 힘을 갖지만, 사실 그보다는 눈에 보이지 않는 것이 더 중요할 수 있어. 포기하지 않고 열정을 바쳐서 어떤 일을 한다면, 그 일은 반드시 너희에게 '승리'를 안겨줄 거야.

part 5

잊지 마, 인생의 10대는
단 한 번뿐이야

젊음은 패기야!
어떤 순간이 와도 용기를 잃지 마

이제 너희를 떠나보내야 하는 시간이 점점 다가오는구나. 이 글을 쓰느라 여러 가지로 생각도 많이 하고 시간도 많이 들여야 했기 때문에 조금 스트레스를 받기도 했지만, 그래도 그보다는 즐거움이 훨씬 컸어. 말투를 이렇게 해서 쓰니까, 왠지 너희와 직접 대화하는 기분이 들고 친해진 것 같다는 생각이 든다. 하하.

처음에도 말했지만 난 외로운 영혼이고 사람을 무지 좋아하거든. 너희들이 내가 싫다면 어쩔 수 없지만(흑흑), 지금은 꼭 친구가 새로 생긴 것 같아. 그런데 그 친구를 멀리 떠나보내고 오랫동안 못 볼 것 같은 느낌이 들어서, 한편으론 기쁘고 한편으론 아쉬워.

이런 정을 담아서 마지막으로, 앞에서 했던 이야기 중 가장 중요한 것들만 간추려서 말해줄게. '뭐, 이런 오지랖이 다 있나.' 하고 까칠하게 받아들이지 말고, 소심한 형 혹은 오빠가 애정을 담아 충고하는 거라고 생각하고 편하게 읽어줘.

가장 걱정이 되는 건, 너희들이 혹시나 '용기를 잃고 좌절하면 어쩌지?' 하는 거야. 지금이야 내가 이렇게 엄청나게 발랄하게 쓰고 있지만, 사실 고등학생 시절에 얼마나 몸도 마음도 힘든지, 나도 그 시절을 겪어봤으니 아주 잘 알거든.

까놓고 말해서, 1주일에 학교를 고작 사흘 가고, 남은 시간에는 원하는 대로 아르바이트도 하고 여행도 다니면서 사는, 좋아하는 글을 쓸 때 '공부는 안 하고 뭔 쓸데없는 짓이야!' 라는 잔소리를 듣지 않아도 되는 지금의 내 처지와 좋든 싫든 하루 종일 책상 앞에 붙어 앉아서 퀴퀴한 냄새 속에 파묻혀 지내야 하는 너희들이 어떻게 같겠냐. 나한테는 쉽게 보이는 일도 너희한테는 어렵게 여겨지겠지. 내가 아무리 좌절하지 말라고 해봐야 "뭘 안다고!" 하는 말이 가장 먼저 튀어나올지도 몰라. 앞에서 숨만 쉬면 살아지니까 용기를 잃지 말라고 했지만, 그 숨 쉬는 것도 버거울 때가 있을 거야. 만일 그렇지 않다면, 나로서는 너희를 진심으로 존경한다. 난 그랬거든. 하하. 고등학생 때는 세상의 모든 고민을 나 혼자 다 짊어진 것처럼 느꼈고, 죽고 싶다는 생각도 여러 번 했단 말이지. 그런데 그렇게 나약했던 나도 뭐, 지금 멀쩡히 잘 살고 있잖아?

고등학교 3학년이라는 시기는 학창 시절의 마지막이니까 '난 이제 다 컸어. 학생 중에는 내가 짱이야.' 이런 생각이 들 수도 있지만, 학교 바깥에 있는 사람들이 보기에는 정말 어리고 젊은, 아주 황홀한 나이야. 심지어 대학교 1학년과 고등학교 3학년을 비교해보아도 생각하는 것이 확 달라. 일단 학교라는 울타리 밖으로 나오면 생각의 폭이나 깊이가 엄청나게 넓고 깊어져서, 고등학교 시절에 정말 심각하다고 느껴졌던 여러 문제를 해결할 수 있게 되거든. 그런데 그런 시기는 겪어보지도 못하고 고등학생 때 좌절하고 여러 가지를 포기해버리면, 더 넓은 세상은 보지도 못하고, 어른이 될 기회는 가져보지도 못하고 시들어버리는 게 되니까 엄청나게 슬픈 일이지.

그리고 너희의 지금 나이는, 비록 완전히 자유롭지는 않은 상태지만 어떤 일에 대한 완전한 책임을 지지는 않는, 그런 나이야. 너희는 아직 실수를 해도 괜찮아. 어떤 선택을 할 때마다 이 선택의 결과를 고려하면서 조심조심 걸음을 내디딜 필요가 어른들보다 훨씬 적어. 너희들이 결정을 잘못 내린다 하더라도, 그 모든 책임을 너희가 물지는 않아. 그러니까 과감히 이런저런 결정을 해봐. 무슨 범죄를 저질러도 괜찮다는 게 아니라, "비뚤어질 테다, 와하하!" 이러면서 밤거리를 헤매라는 게 아니라, 답답한 마음에 아무런 결정도 못 내린 채 우물쭈물하지 말라는 얘기야.

나도 별로 나이가 많지는 않은데, 그런데도 내 친구들 중에는 고등학생 시절이 무지하게 힘들기는 했지만 기회만 되면 다시 돌아가고 싶다고 말하는 애들도 있을 정도거든. 우리 나이 또래만 되어도 이것저것 생각할 게 많아져서 책임감이 무겁게 어깨를 짓눌러오기 시작하지. 흑. 뭐 하나 결정을 하려 해도, 이것저것 고려해야 제대로 된 결정을 할 수 있어. 그 결정이 틀렸을 경우 실패의 부담은 온전히 우리한테로 돌아올 가능성이 높고(뭐 하긴, 우리도 아직 부모님의 보호 아래 있긴 하다만).

하지만 너희는 아직 그렇지 않잖아. 그러니까 마지막 순간에도, 정말 모든 것을 다 잃었다고 느껴지는 그런 순간에도, 아직 다 잃은 것은 아니야. 그런데도 손놓고 애늙은이처럼 주저앉아버리면 좀 억울하지 않겠어?

그러니까 어떤 일이 일어나더라도 용기를 잃지 말고, '한 번만 더, 하루만 더'라는 생각으로 살아 봐. 뻔한 말 같지만 정말이야. 젊음은 패기라고. 정말이지 너희의 앞길은 창창하다.

한 가지라도 좋아, 특기를 살려

두 번째로 해주고 싶은 말은, 용기를 내서 살아갈 준비가 됐을 경우 기왕 사는 거 즐겁게 살자는 거야. 사람들과의 관계 또는 취미 생활 같은 여러 가지 수단을 통해서 우리들은 행복을 느끼고 즐거워하지. 하지만 우리의 대부분이 일을 해야 한다는 것은 자명한 사실이야. 사실 일을 하지 않아도 될 만큼 부자라 해도, 일은 그 자체로 즐겁고 보람을 주기 때문에 필요해. 어차피 그렇다면 좋아하고 즐거운 일을 하는 것이 행복하지 않겠어?

진짜 딱 한 가지라도 좋아. 너희가 정말 좋아하는 일이 무엇인지 잘 생각해봐. 그 일을 할 때면 시간 가는 줄 모른다든지, 남들은 일이라고 부르는데 나는 일이라고 생각해본 적이 한 번도 없는 놀이라든지, 썩 좋아한다고 생각해본 적은 없는데 어느 순간 보면 항상 잘하고 있는 일이라든지.

지금 당장은 그런 일이 없는 것처럼 느껴질지도 몰라. 딱히 좋아하는 것도 없고, 딱히 하고 싶은 일도 없고. 하지만 태어나면서부터 좋아하는 일, 잘하는 일을 타고나는 사람은 드물어. 다 낮은 단계에서부터 흥미와 특기를 살려나가는 거지.

남들이 보기에 별거 아닌 일이라도 상관없어. 예컨대 너희가 프라모델을 조립하는 취미가 있다고 하면, 세상에는 항상 남 일에 쓸데없이 간섭하면서 악담을 퍼붓는 무리가 있기 마련이라, "초딩도 아니고 무슨 그런 장난감을 갖고 난리냐?"고 태클을 걸어오는 사람들이 있을지도 몰라. 그냥 내버려둬. 너희가 해서 즐거운 일인데, 뭐 어때?

그러다 보면 프라모델을 조립하던 것이 납땜을 해가며 라디오를 조립하는 취미로 발전하고, 그게 또다시 전기회로를 설계하는 일에 대한 관심으로 발전하고, 이 취미 생활을 즐기고 즐기다 보면 과학 경진 대회에 참여할 수도 있고, 그런 거야. 아니면 프라모델로 건담을 만들다가 로봇 만화에 빠져서 애니메이션 스토리를 쓸 수도 있고, 이런저런 디자인을 연구하게 될 수도 있지. 원래 다 그렇게 시작하는 거니까. 처음부터, 작은 데에서부터 천천히 말이야.

만약 너희의 취미가 어떻게 특기로 연결될 수 있는지 모르겠다면, 너희가 아직 모르는 직업이 매우 많다는 걸 알아둬. 예를 들어서, 아주 많은 사람들이 취미가 음악 감상이라고 하잖아. 물론 그냥 심심풀이로 음악을 듣는 경우도 많지만, 그게 아니라 정말 음악을 듣는 걸 아주 좋아할 수도 있지. 그런데 아무리 좋아하더라도, 노래를 썩 잘하는 것도 아니고 작곡을 할 줄 아는 것도 아니고 악기를 배울 만한 처지도 안 될 수도 있어. 이럴 때는 전혀 좌절할 필요 없어. 음악을 단순히 잘 듣고 소개할 수 있는 능력도 엄청난 특기가 되거든. 음악 평론가라든지, 음악 관련 잡지의 기자라든지, 아니면 공연 기획자라든지, 길은 엄청나게 많지. 세상에 필요한 직업이 있는데, 단지 우리가 그 직업의 존재를 모르는 것일 수 있어. 이런 문제를 해결하기 위해서는 틈틈이 신문을 보는 게 큰 도움이 될 거야.

취미와 특기가 뚜렷한 애들을 부러워할 필요는 없어. 그 애들은 그냥, 자기가 좋아하는 일을 파고들다 보니 우연히 그게 특기로 연결된 경우야. 지금 당장 두드러진 특기나 취미가 없더라도, 작은 것에서부터 시작하면 그게 곧 너희의 특징적인 장점과 관심사가 될 수 있다는 걸 잊지 마.

그리고 그런 재능을 점차 발전시켜나가면, 그래서 그것이 직업으로까지 연결될 수 있다면, 나중에 그런 직업을 갖게 되었을 때 참 행복할 거야. 너희가 원래 좋아하던 일을 하는 것이기 때문에 별로 일한다는 생각도 없이 즐겁게, 게으름도 피우지 않고, 즐기면서 계속 열정적으로 살 수 있을 테니까.

Special Tip

특기는 별게 아니야. 너희들의 작은 관심사에 조금 더 시간을 들여봐. 그 관심이 너희의 숨겨진 재능을 이끌어내고, 새로운 세계로 너희들을 안내해줄 거야.

안 풀리는 문제는 혼자서 고민하지 마

아무리 위대한 진리를 깨친 사람이라도, 살다 보면 위기와 고민의 순간이 찾아와. 심지어 성경에도 예수 그리스도가 악마의 시험을 받는다든지 사람들한테 화를 내는 장면이 나오고, 불교에서도 석가모니가 번뇌에 빠져서 평정심을 잃을 위기에 처한다는 내용이 나오지. 그 유명한 공자님도 평생 이 나라 저 나라 떠돌아다니면서, 밥 먹고 잠잘 걱정에서부터 제자들이 말을 안 듣는다는 걱정, 세상이 잘못 돌아간다는 걱정, 온갖 걱정을 다 품고 살았다고 하니까. 만일 우리가 아무런 걱정 없이 한 평생을 살면서 단 한 걸음도 잘못 내딛지 않는다면, 그건 정말 기적에 가까운 일이지. 그럴 수 있다면 우리는 인간이 아니라 아마 신일 거야.

무슨 말인지 알겠지? 아무리 강해 보이는 사람이라도, 아무 고민조차 없어 보이는 사람이라도, 티를 내지 않고 있을 뿐 마음속에는 저마다 이런저런 걱정을 품고 살고 있을 가능성이 높아. 성격이 태평해서 걱정하지 않는 사람들도, 남들이 충분히 걱정을 품고 살 수 있다는 걸 알고 있고.

그러니까 너희가 어떤 문제에 맞닥뜨렸을 때, 그 문제 때문에 고민하거나 괴로워했던 사람이 너희 혼자밖에 없으리라는 생각은 하지 마. 그런 생각은 필요 이상으로 너희를 외롭게 만드는데, 외로움은 그 자체가 좀 고통스러운 감정이기 때문에, 원래의 문제 때문에 그랬던 것보다도 훨씬 힘들어질 수 있어.

게다가 혼자라는 생각은, 주변에 실제로 그 문제를 겪어보았고, 극복했고, 그래서 극복하는 방법을 알고 있는 사람, 심지어는 그 문제의 해결 방법을 다른 사람들에게 알려주고 싶어서 좀이 쑤시고 있는 사람들과 대화할 기회를 완전히 차단해버려.

그렇게 되면 우리는 마치 새끼 원숭이처럼 0에서 시작하게 되는 거야. 다른 사람들이 쌓아둔 나름의 업적을 무시한 채 말이지. 시간 낭비인 데다 어쩌면 문제를 해결하느라 체력과 정신력을 너무 많이 소진해서 기진맥진하게 될지도 몰라.

그러니까 만일 문제에 봉착했다면 걱정하지 말고 주변 사람들한테 손을 내밀어. 의외로 사람들은 친절해. 너희가 느끼고 있는 문제점이 뭔지 정확히 이야기하고, 상대방이 그 문제를 해결하는 데에 도움을 줄 수 있을 것 같아서 이런 고민을 털어놓는다고 진솔하게 말하면, 그 문제에 대한 해결책을 갖고 있는 사람들은 아마 너희를 도와줄 거야. 그건 부끄러운 일도 아니고, 심지어 보람찬 일이기까지 해. 아마 봉사활동을 해본 친구들은 알겠지만, 남을 돕는다는 건 그 자체로 엄청나게 기분 좋은 일이거든. '널 도와줄 수 있는 기회를 주다니 매우 고마워.'라는 생각이 들 정도로 말이야. 너희는 도움을 청함으로써 상대방에게 '난 쓸모 있는 사람이다.'라는 생각을 품게 만들 수 있는 거지. 물론, 혼자서도 충분히 해결할 수 있는 문제를 가지고 자꾸 다른 사람을 찾아가 의존하려 한다면 상대방이 화를 낼 수도 있겠지만 말이야.

내가 말하는 건, 너무 힘들어서 혼자 견딜 수 없을 것 같을 때는 얼마든지 도움을 청해도 좋다는 거야.

도움을 청할 상대는 아주 다양해. 부모님이나 형제들, 친구들도 있고, 때로는 선생님이 될 수도 있어. 아니면 요즘은 사이버 시대니까 인터넷에다가 이런저런 질문을 올려보는 것도 도움이 될 거야. 물론 인터넷에서 만난 사람을 오프라인에서 덥석 만나는 건 꽤 위험할 수 있으니까, 이 경우는 좀 조심하도록 하고. 아니면 좋은 책을 읽는 것도 상당히 도움이 돼. 저자가 멀리 떨어져 있거나 죽었을 경우에조차, 그 사람은 자기 경험을 토대로 너희한테 쓸만한 조언을 해줄 수 있거든.

혹시 너희가 도움을 청했는데 상대방도 해결책을 모르고 있을 수도 있어. 하지만 그런 경우에조차도, 도움을 청해보는 것은 혼자 끙끙 앓는 것보다 많은 도움이 돼. 왜냐하면 상대방에게 너희가 처한 문제가 대체 뭔지 설명하는 동안, 너희 스스로 정리가 되거든. 마치 다른 사람한테 어떤 이야기를 설명해주다 보면, 그 이야기의 미심쩍었던 부분까지 저절로 알게 되는 것처럼 말이야.

또 이야기를 하다 보면 마음속에 있던 응어리가 없어지고, 적어도 "이 사람은 내 말을 들어주는구나." 하는 안도감을 느낄 수도 있고. 문학 작품을 통해서도 "이런 생각을 나만 하는 게 아니네."라는 생각에 편안해질 수 있지.

Special Tip

문제가 생겼는데 혼자 풀 수 없다면 그걸 끌어안고 끙끙 앓지 마. 최악의 경우에도 너희가 처해 있는 문제가 무엇인지에 대해 상대방에게 말해주는 동안에 스스로 상황을 정리해볼 수 있어.

어떤 일이든 '노력'이
뒤따라야 한다는 걸 명심해

포기하지 않는 태도도 좋고, 즐기는 태도도 좋아. 문제가 생겼을 경우 혼자서 끙끙 앓지 않고 다른 사람들에게 적절한 도움을 청하는 것도 좋은 태도야.

하지만 어떤 경우에도 무언가를 이루고자 할 때는 반드시 노력이 뒤따라야 한다는 점을 꼭 기억해둬. 아주 간단한 일, 예컨대 점심 한 끼를 컵라면으로 때우려 해도 봉지를 뜯고 물을 끓여서 부은 뒤 4분을 기다리는 노력을 기울여야 돼. 하물며 너희가 평생의 행복이라는 어마어마한 목표를 세운다면 어떻겠냐? 그보다 더 작은 일을 이루려 할 때도 그만한 노력이 따르는 것은 당연한 일이고.

물론 너희가 노력을 한다고 해서 그 결과가 마치 자판기에 동전을 넣으면 커피가 나오듯이 뿅 하고 튀어나오는 건 아니야. 내가 아무리 소설을 열심히 써도 책이 안 팔릴 수도 있는 거고, 너희가 아무리 공부를 열심히 하더라도 성적이 안 오를 수도 있어. 하지만 정말 노력을 했다면 기대했던 것만큼은 아니더라도 반드시 보상이 돌아올 거야. 나 같은 경우엔, 많지는 않더라도 내 글을 진심으로 즐겁게 읽어주는 독자들을 만날 수 있었어. 만일 성적 올리기를 목표로 삼았던 사람이라면, 다른 친구들의 등수와 비교하면 좀 떨어지더라도 저번 점수보다는 조금 발전했을 수도 있지. 설령 아무런 결과가 없더라도, 정말 열심히 노력했다면 분명 뿌듯함을 느끼게 될 거야.

물론 노력의 방향이 엉뚱하면 안 돼. 내가 아무리 우리나라를 산유국으로 만들고 싶다고 해도, 앉은 자리에서 열정적으로 백날 땅을 파봤자 석유가 나올 리 없어. 마찬가지야. 맨 땅에 헤딩하는 건 노력이 아니라 그냥 멍청한 짓이야.

그러니까 노력을 기울일 때는 그 전에 먼저 너희가 얻고자 하는 게 무엇인지 분명히 정해. 큰 목표를 정하고, 그 목표를 이루기 위한 작은 목표들을 정해. 그다음에 작은 목표를 이루기 위한 계획을 세워야 돼. 그 계획을 세울 때는 정확한 정보를 여기저기서 많이 얻도록 해. 그다음에 계획을 세우되, 이 계획을 실천할 때는 성실한 마음가짐으로! 언제나 그 계획을 즐길 수 있다면 가장 좋겠지만, 그렇지 않다 해도 성실해지기 위해 노력을 기울여볼 수는 있을 거야. 이렇게 열심히 계획을 추진해나가다가, 혹시라도 새로운 정보를 접하게 되거나 다른 사정이 생긴다면 그때 판단해서 융통성을 발휘해보는 것도 좋은 선택이야.

이렇게 목표를 설정하고, 정보를 수집하고, 계획을 세우는 것 모두가 따지고 보면 노력이라고 할 수 있어. 여기까지가 전체 노력의 반에 조금 못 미친다면, 그 계획을 직접 실행에 옮기고 끝까지 끌고 나가는 것이 전체 노력의 반에서 조금 더 된다고 볼 수 있겠지.

게으름을 경계하는 속담이야 많으니까 내가 또 하나 보탤 필요는 없겠지만, 이런 말이 있다는 건 알지? 감나무 밑에 누워서 감 떨어지길 기다리고 있다고.

아주 웃기는 장면 같은데, 이상하게도 살다 보면 의외로 그런 태도를 가진 사람이 많다는 걸 알게 돼. 다른 사람들이 해놓은 일을 날름 가로챈다든지, 일은 하지 않으려고 하면서 얼어낸 결과는 누리려고 한다든지. 아마 너희도 나이가 들고, 삶이 힘들다고 느껴지고, 그래서 그냥 만사가 다 귀찮아지면 그렇게 살고 싶다는 생각이 문득 들지도 몰라. 드물긴 하지만 나도 아주 가끔, 한 1년에 두세 번쯤은 그런 생각이 들더라니까.

그런데 이런 태도는 주변 사람들에게 민폐를 끼치는 아주 안 좋은 것일 뿐만 아니라, 자신한테도 해로워. 일 안 하는 사람들도 속으로는 뭔가 찔리는 느낌을 받게 마련이거든. "내가 너보다 힘이 세니까 너는 내 말을 들어야 돼! 나를 위해 일해라!" 이런 식으로 센 척하며 말하지만, 그런 말을 할 때마다 자기가 나쁜 사람으로 보인다는 건 그들도 충분히 알고 있어. 그게 그냥 자연스러운 일이라면 뭐 하러 소리 높여 그런 주장을 펴겠어? 남들한테 욕을 먹어가면서까지.

그런데 애초에 왜 그런 느낌을 받느냐 하면, 이건 내 생각인데, 기본적으로 자신이 노력해서 무언가를 얻어본 적이 없는 사람은, '이런 고난을 견디다니 난 참 괜찮은 놈이다.' 라는 아주 소중한 자부심이 없기 때문이야. 주변 사람들이 아무도 알아주지 않을 때조차 스스로 떳떳해질 수 있으려면 바로 저런 자부심이 있어야 하거든. 잠깐의 귀찮음 때문에, 또는 일하기 싫다는 생각이 들기 때문에 이 자부심을 포기해버리는 건 어리석은 일 아닐까?

글쎄 뭐, 내가 말하는 게 조금 사이비 종교 교주가 말하는 것처럼 들릴지도 모르겠다. 하지만 정말이야. 진심을 다해서, 특히 자기가 좋아하는 일에 대해서 온 열정을 바쳐 노력한다면, 설령 남들이 보는 객관적인 결과가 없다 할지라도 자신만은 알 수 있어. 얼마나 뿌듯한 일을 했고 가치 있는 일을 했는지.

사실 노력을 통해 어떤 결과를 얻어내는 것도 중요하겠지만, 노력을 한다는 것 자체가 행복해지려면 꼭 필요한 일인 것 같아. 너희가 만일 나처럼 일생의 행복을 제일 큰 목표로 잡았다면, 노력을 해보는 건 아주 좋은 방법이 될 거야

Special Tip

매우 고리타분하게 들릴지 모르지만 어떤 일을 하든 노력이 필요하단 건 사실이야. 목표한 일을 이루기 위해서도, 그 일을 이루어가는 과정에서 자부심을 느끼기 위해서도 말이지.

곧 스무 살이 될 자신을 위해
책임감을 배워

쓰다 보니 너희들한테 이것저것 주문하는 게 많네. 하하. 별로 대단한 얘기도 아닌데 말이지. 하지만 뭐, 이 장을 처음 시작할 때 썼던 것처럼 어쩔 수 없이 이 글을 마쳐야 하는 입장이니까 최대한 필요한 말을 다 하고 싶어서 그래. 특히 이 부분은 잘 들어주었으면 좋겠다.

책임감이라는 거, 대체 뭔지 잘 이해가 가지 않을지도 몰라. 왜, 그런 거 있잖아. 머리로는 뭔지 알겠는데 가슴에 와닿지는 않는 거. 글쎄, 내가 철이 늦게 들어서 그런 걸지도 모르겠지만, 난 고등학교를 졸업하고 대학교에 한참 다닌 다음에야 책임감에 대해서 생각해봤거든. 누군가에 대해서 '책임'을 느껴보기도 하고.

너희들도 나처럼 책임감이 뭔지에 대해서 막연한 생각만 갖고 있다면, 그건 아마 너희들이 지금 인생을 책임지고 있지 않기 때문일 거야. 너희 중 대다수는 부모님이나 다른 어른들의 도움으로 학교를 다니고, 밥을 먹고, 옷도 입고 할 테니까 말이지, 흠. 만일 정말 그렇다면, 사실 책임감이 뭔지 설명하는 건 조금 어려운 일이 될지도 몰라. 하지만 최대한 잘 이야기하려고 노력해볼게.

내 생각에, 책임감을 안다는 게 바로 철이 든다는 것 같아. 중국어에서는 철이 든다는 말을 懂事(동스)라고 표현하는데, 이건 일이 돌아가는 이치를 안다는 뜻이래. 난 이게 상당히 말이 되는 얘기라고 생각하거든.

그러니까 위에서 말한 컵라면 끓이는 일을 한번 생각해봐. 어린아이들은 컵라면을 먹더라도 그게 어떤 과정을 거쳐서 자기 앞에 와 있는지 잘 모르지. 그걸 만들기 위해서 엄마가 물을 끓여서, 물을 부어서, 익을 때까지 기다렸다가 자기 앞에 갖다줬다는 걸 생각하지 못하고 그냥 먹어. 그런데 아이가 조금 자라서 컵라면을 스스로 끓여보면, 컵라면이 그냥 하늘에서 뚝딱 만들어져서 자기 앞에 떨어지는 게 아니라, 어느 정도 노력을 필요로 한다는 걸 알게 되지. 그리고 그 노력을 들였던 사람, 엄마의 존재를 진짜로 깨닫게 돼.

하지만 여전히 찬장만 열면 컵라면이 있기 때문에 그 컵라면이 이 찬장으로 들어오기까지 어떤 일이 벌어졌는지는 잘 생각하지 않아.

그런데 만일 독립을 해서 자기가 벌어먹고 사는 상황이 되었다고 해봐. 그런 사람은 빈 찬장을 백날 열어봐도 빈 찬장이지, 그 안에 컵라면이 들어 있을리가 없잖아. 그 안에 컵라면을 채워 넣고 싶으면 슈퍼에 가서 사와야 하고, 그러려면 돈이 있어야 하고, 돈을 벌어야 하지. 이런 경험을 하게 된 다음에 이 사람은 과거의 일을 떠올릴 거야. '어렸을 때 나는 아무 생각 없이 찬장의 컵라면을 꺼내 먹었지만, 그건 사실 부모님이 사다가 채워 넣었던 것이구나.' 하면서 말이지.

여기에서 더 철이 들면 사물의 이치를 좀더 잘 알게 될 수도 있어. 예컨대 오지로 해외여행을 가거나 아주 가난한 나라로 자원 봉사를 떠난다면 말이지. 그런 곳에 가면 심지어 슈퍼도 없어. 컵라면을 도대체 구할 수가 없는 거지. 그때가 되면 아마 느낄 거야. 별게 아닌 것 같은 컵라면 하나를 먹기 위해서도 엄청나게 많은 노력이 필요하다는 걸 말이지. 라면 공장을 짓는 사람 하나하나, 거기에서 일하는 직원들 한 명 한 명, 그 사람들이 마음 놓고 일할 수 있도록 나라를 지켜주는 군인들 등등, 하나라도 빠지면 대체 그놈의 컵라면을 끓여먹을 수가 없단 말이야.

이렇게 생각하면 참 고마운 일인 것 같아. 이 험난한 세상에서 내가 잘나서 살아남은 것 같지만 실제로 보면 또 그렇지도 않단 말이지. 우리는 누구나 다른 사람들의 도움을 아주 많이 받으면서 살고 있어. 내 생각엔, 이런 배경을 알고, 감사함을 느끼는 데에서 처음 책임감이 싹트는 것 같아.

어렸을 때는 이것저것 잘 모르니까 책임감이 없는 것도 당연해. 그런데 나이가 들어서까지 책임감이 없으면 조금 곤란하지. 그건 자기가 사는 세계에 대해 깊이 생각해본 적이 별로 없다는 뜻 같거든. 그렇게 되면 감사함을 잘 못 느끼게 되니까 주변 사람들하고도 자주 다투게 되고, 자신도 별로 행복하지 않게 되는 것 같아.

가끔 그런 사람들을 보면 좀 딱하다는 생각이 들어. 그 사람들은 자기가 누리고 있는 모든 것이 다 자신의 두 손으로 이룬 것이라고 확신하고 있기 때문에, 남들과 경쟁해서 더 많이 빼앗을수록 자기가 이긴다고 생각하는 것 같아. 자기가 그

렇게 생각하니까 남들도 다 그렇게 생각할 거라고 여기는 것

같더라. 그래서 항상 전전긍긍해. '혹시나 이놈이 나를 밟고

내 머리 꼭대기로 올라가지나 않을까?' 하고 말이지. 그러니

아무리 많이 가져도 불안하기만 하지, 행복할 수가 없는 거

야.

아마 너희들도 스무 살이 되고 사회에서 너희들을 성인으

로 대접하기 시작하면, 어느 순간부터 저런 생각을 하게 될지

도 몰라. 관찰해보니 실연당하고 나서 많이 그러는 것 같더

라. 하하. '감히 날 차다니, 내가 사회의 승자가 되어서 보란

듯 갚아주겠다.' 는 식으로 말이지. 하지만 그건 별로 책임감

이 있다거나 성숙한 모습은 아닌 것 같아. 내 생각엔 사물이

돌아가는 이치를 생각해보고, 그 생각에서 저절로 감사함을

느끼면서, 내가 감사한 만큼 나도 남들에게 고마운 사람이 되

겠다는 생각으로 살면 그게 행복한 태도인 것 같은데, 사람들

이 그걸 책임감이라고 부르더라고.

Special Tip

스스로 이런저런 일을 해보면 일이 돌아가는 이치를 조금씩 알게 될 거야. 그리고 그 안에서 감사함을 느낀다면 그게 곧 책임감으로 이어질 거야. 책임감은, 내 생각엔 행복한 어른이 되려면 꼭 필요한 것 같아.

무엇보다 자신의 인생을 사랑해

자, 이제 정말로 작별할 시간이 왔구나.

이 책을 읽으면서 어떤 생각을 했는지 모르겠네. 이거 뭐, 완전히 헛소리라고 생각한 친구들도 있을 거고, 제법 말이 된다고 생각한 사람들도 있을 테고. 어쨌거나 읽기에 엄청 스트레스가 되거나 지겨워서 도저히 못 볼 만한 글은 아니었기를 바란다. 너희들한테 조금이라도 도움이 되었으면 해서 쓴 글이기도 하고, 너희랑 좀 친해져보려고 쓴 글이기도 하니까.

사실 여기에 쓴 이야기는, 내가 아주 친한 친구들한테도 잘

못 하는 이야기야. 너희도 상상해보면 쉽게 알 수 있겠지만, 이런 얘기를 누구 하나 붙잡고 진지하게 하기가 쉽겠냐? 그보단 이런저런 소소하고 재미있는 이야기를 하는 게 훨씬 자연스러운 분위기인 경우가 많으니까.

하지만 평소에 잘 꺼내놓지 않는 이야기인 만큼 나 혼자서는 엄청 많이 생각해본 것들이고, 어떻게 보면 나의 가장 솔직한 모습이라고도 할 수 있어. 그런 만큼 너희의 공감을 끌어냈으면 좋겠는데, 잘되려나? 하하.

그런데 이건 하나 알아둬. 너희가 얼마나 감동을 받았든 상관없이, 너희들이 설령 내가 한 말 전부를 그대로 받아들여서 앞으로 이 책의 조언대로 살겠다고 맹세를 한다 해도, 사실 그건 너희의 결정이고 완전히 너희 문제야. 내가 너희들한테 이런저런 이야기를 하긴 했지만, 난 너희들 대신 살 수 없고, 사실 그러고 싶지 않거든. 난 나로 사는 게 꽤 재미있으니까.

그리고 그건 다른 사람들도 마찬가지야. 너희를 아무리 사랑하는 사람이라도, 너희가 아무리 사랑하는 사람이라도, 너희 대신 살아주거나 너희를 위해서 모든 결정을 내려줄 수는 없어. 부모님도, 선생님도, 친구도, 여자 친구나 남자 친구도.

그건 너희들도 잘 알고 있을 거야. "아니, 우리는 언제까지

나 함께할 거야"라고 소리쳐도 마음속으로는 그게 안 될지도 모른다는 불안감이 있을 것이고, 사실 그 불안감이 맞아. 언제까지나 함께 사는 것조차 힘들고, 운이 아주 좋아서 한 날 한 시에 죽는다 하더라도, 그 사람의 마음을 완전히 알고, 그 사람도 내 마음을 완전히 알고, 그래서 똑같이 행동하는 것은 불가능한 일이지. 슬프고 불편하지만, 어쩔 수 없는 진실이야. 이걸 분명히 깨달아야 돼.

거 왜, 사춘기 청소년들을 대상으로 쓴 책에 항상 나오는 말인데, 내가 엄청나게 좋아하는 말이기도 하고, 또 유명한 말이니까 너희들도 잘 외워놨다가 나중에 써먹어. 하하. 지적인 이미지를 만드는 데에 도움이 될지도 몰라. 헤르만 헤세의 소설 《데미안》에 나오는 말이야.

새는 알을 깨고 나온다.

알은 곧 세계이다.

태어나려고 하는 자는 하나의 세계를 파괴하지 않으면

안 된다.

그 새는 신을 향해 날아간다.

그 신의 이름은 아프락사스라고 한다.

무슨 말인지 알지? 새가 껍질 속이 따뜻하다고 해서 가만히 있으면 결국 굶어 죽을 수밖에 없어. 아마 너희뿐만 아니라, 나이가 많이 든 사람조차도 발전하려면 계속 자신의 알을 만들고, 또 깨고, 그렇게 살아야 할 거야.

그런데 깨야 하는 알 중 하나가 바로 그거야. 내 인생을 누군가 대신 살아줄지도 모른다고 어렴풋이 생각하는 것, 나 자신의 행복을 남이 만들어줄 거라고 생각하는 것, 내가 걸을 길을 남이 제시해줄 거라고 생각하는 것, 그런 것들 말이지.

껍질을 깨고 밖으로 나오면 처음엔 좀 추울지도 몰라. 이끌어줄 사람도 없는 것 같고, 사람들의 인정과 사랑, 또는 내가 그 사람들한테 행사할 수 있는 권력 같은 걸 중요하게 여기지 않는다면 대체 뭐가 맞는 건지 판단조차 할 수 없어서 무서운 느낌이 들 거야. 나도 그랬어. 아직도 꽤 많은 경우에 그렇고.

근데 이 과정을 겪지 않을 수는 없어. 너희들이 스스로 깨지 않더라도 언젠가 한 번은, 누군가 밖에서 저 알을 깨버리게 될 거야. 너희들에게 꽤 큰 상처를 주면서 말이지. 그게 언제냐면, 모두가 너희를 버렸다는 생각이 들 때, 아주 사랑하던 대상에게서—그게 일이든 사람이든 간에—버림받았을 때, 그럴 때야. 그러면 사람이 아주 시니컬해져서 이런 말을 하지.

"그래, 세상 별거 있나? 어차피 다 혼자 사는 거, 제기랄."

그러곤 이기적으로 살겠다고 결심하는 사람들을 나는 몇 명 보았어.

그런데 그게 아니야. 너희의 인생을 대신 살아주고, 너희를 너희 자신보다 더 사랑해줄 사람은 세상에 없어. 그건 사실이야. 그게 생각보다 나쁜 일이 아니라니까.

잘 생각해봐. 이건 뒤집어 말하면, 너희가 원하지 않는 일을 궁극적으로 너희에게 강요할 수 있는 사람이 없다는 뜻이기도 해. 말을 우물가로 끌고는 가도 억지로 물을 먹일 수는 없다고 하잖아. 다시 말해서, 너희가 스스로를 충분히 사랑하고 아낀다면, 그래서 자신의 행복이 뭔지 깊이 생각해보고 그 목표를 이루기 위해서 항상 노력한다면, 무슨 악마나 마귀 같은 게 살아오더라도 너희를 불행하게 만들 수는 없다는 말이야.

그게 왜 슬퍼? 이거만큼 공평한 게 또 어디 있겠어? 자기를 사랑하는 만큼 행복해진다는데. 너희 자신의 가치를 스스로 완전히 결정할 수 있다는 말이잖아. 돈, 명예, 인기, 성적, 이런 걸 다 떠나서, 그런 것들 모두를 잃게 된다 할지라도 행복해지기로 마음먹고 그 결정을 뒷받침할 만한 노력만 충분히 기울이면, 내가 노력을 기울이고 있다는 걸 남들에게 증명할 필요 없이 너희들 스스로 아는 그런 노력을 기울이면, 최악의 경우에도 '불행'해질 수는 없단 말이야.

그러니까 매 순간 너희들 자신에게 초점을 맞춰. 충동적으로 멋대로, 하고 싶은 대로 아무렇게나 살라는 얘기가 아니야. 하지만 어떤 일에 대해서 생각해봤을 때 그게 궁극적으로 너희에게 꼭 필요한 일이고, 너희를 행복하게 만들어줄 게 분명한 일이라면 해. 겁먹을 필요 없어.

하지만 이것도 결국 내 의견이지. 이 의견을 받아들일지 어떨지, 너희 스스로 한번 잘 생각해봐. 너희들이 어떤 결정을 하든 난 그 얘기를 듣는 걸 아주 즐겁게 기다리고 있을게. 이게 내 결정이거든. 어쨌든 지금까지는. 하하.

이제 정말 끝이네. 많이 아쉽고, 많이 섭섭하고, 한편으론 본 적도 없는 너희들이 보고 싶기도 하고 그렇다. 다음번에 또 만날 기회가 있으면 좋겠네. 그리고 어떤 경우에도 꼭 행복해지길 바란다. 안녕!

Special Tip

누구도 너희의 인생을 대신 살아주지는 않아. 너희의 행복을 가장 우선으로 생각해. 그럼 파이팅이다!

10대, 그 찬란한 순간을 위하여

나는 처음에 이 글을 쓰는 걸 망설였다. 이 글이 누구에게
도움이 될 수 있을지 알 수 없었기 때문이다.

대부분의 친구들이나 과외 학생들과 이야기를 할 때마다,
나는 내 최대의 관심사나 고민들이 다른 사람들의 것과는 많
이 다르다는 걸 느껴왔다. 특히 이 책의 주제, 진로 선택과 관
련된 고민에 대해서는 더 그렇다.

나는 사실 진로에 대해 고민해본 적이 거의 없다. 아주 어
린 시절부터 나는 자라서 무엇이 되겠다는 확고한 목표가 있
었고, 여기에 대해 별다른 흔들림도 없었다. 자라면서 목표가

이것에서 저것으로, 또 다른 것으로 바뀌기는 했지만, 이러한 변동은 고민의 결과라기보다 그냥 상황의 흐름에 맞춰서 그렇게 된 자연스러운 일이었다.

그렇기에 어느 순간에든 목표를 달성할 수 없게 될까봐 두려웠지, 목표 자체가 없어서 고민한 적은 없다. 사실 나는 '앞으로 무얼 하고 싶은지 모르겠다'는 친구들의 고민을 들을 때마다 의아한 마음이 들었다. 자기가 하고 싶은 일이 무엇인지 모르겠다는 말이 마치 '지금 배가 고픈지, 목이 마른지 모르겠다'는 말처럼 들렸던 것이다.

그렇기에 내가 진로와 관련해서 동생들에게 무슨 대단한 조언을 들려줄 수 있을 것 같지가 않았다. 내 경험담을 이야기해봐야 공감을 불러올 것 같지도 않았고, 치열한 고민 끝에 제대로 된 적성을 찾은 친구가 있다면 그의 경험담이야말로 실질적인 도움이 될 것 같았다. 그래서 처음에는 이 글을 맡아 써줄 다른 친구들을 물색해보기도 했다.

하지만 대학 졸업반이 된 친구들은 또다시 진로와 미래에 관한 고민을 했고, 친구들에게서 이런 이야기를 어떤 식으로든 전해 들으면서 조금 생각이 바뀌었다. 고등학교 시절에 진로 고민을 하던 친구들은 여전히 진로를 고민하고 있으며 그 상태에서 벗어나고 싶어 하는데 나는 이미 그렇지 않다면, 내가 진로를 고민하지 않는 이유가 바로 진로 고민을 해결할 수 있는 한 가지 방법이 될 수 있겠다는 생각이 들었다.

또한 친구들과 고민 상담을 하고 이런저런 이야기를 하면서 진로와 미래에 대해서 조금 더 구체적으로 생각해보기도 했다. 그러다 보니, 만일 친구들과 같은 주제로 이야기해서 그들에게 조금이라도 도움이 될 수 있다면, 이때 나온 이야기들을 정리해서 책으로 펴낼 경우 그걸 읽는 다른 친구들에게도 도움이 될지 모르겠다는 생각이 들었다. 다른 방식의 생각을 접해보면 그 생각이 마음에 들지 않더라도 조금은 생각의 범위가 넓어지고, 그러다 보면 고민이 해결될 가능성도 높아질 테니 말이다.

그래서 나는 이 글이 기획 단계에 있을 때와 지금의 모습이 상당히 다를지도 모른다는 생각을 한다. 원래는 체계적인 계획 세우기와 진로 문제를 전반적으로 다루려고 시작한 글이지만 삶 전반의 가치관에 대해서 더 많이 썼다.

하지만 오히려 이런 방식이 더 도움이 될지도 모른다. 내 생각에는 문제를 해결하는 데에는 크게 두 가지 방법이 있는데, 하나는 이미 가지고 있는 관점에서 최고로 효율적인 수단을 찾는 것이고, 다른 하나는 완전히 다른 관점에서 새롭게 접근하는 것이기 때문이다. 이 글은 아마 두 번째 방법으로 진로 고민을 해소하는 데에 도움이 될 수 있을 거라 생각한다.

그러니 동생들이 이 글을 읽을 때도, 특정한 문제에 대한 다른 관점을 한번 접해본다는 생각으로 읽어주었으면 좋겠다. 나는 내 나름의 방식으로 생각하며 살고 있기 때문에 진로에 대한 고민에서 꽤 자유로운 편이고, 이 글은 그 사고방식을 최대한 선의를 가지고 정직하게 쓴 것이니, 이렇게 생각하는 사람도 있다는 걸 알면 도움이 될 것이다.

이 외에 하고 싶은 말, 해야 할 말은 이미 위의 본문에서 충분히 했기 때문에 덧붙일 필요가 없을 것 같다. 그러나 용기와 힘을 내고 언제나 떳떳하고 행복하게 살라는 말은 아무리 더해도 넘치지 않을 테니 한 번 더 보탠다.